essentials

Essentials liefern aktuelles Wissen in konzentrierter Form. Die Essenz dessen, worauf es als „State-of-the-Art" in der gegenwärtigen Fachdiskussion oder in der Praxis ankommt. *Essentials* informieren schnell, unkompliziert und verständlich

- als Einführung in ein aktuelles Thema aus Ihrem Fachgebiet
- als Einstieg in ein für Sie noch unbekanntes Themenfeld
- als Einblick, um zum Thema mitreden zu können

Die Bücher in elektronischer und gedruckter Form bringen das Fachwissen von Springerautor*innen kompakt zur Darstellung. Sie sind besonders für die Nutzung als eBook auf Tablet-PCs, eBook-Readern und Smartphones geeignet. *Essentials* sind Wissensbausteine aus den Wirtschafts-, Sozial- und Geisteswissenschaften, aus Technik und Naturwissenschaften sowie aus Medizin, Psychologie und Gesundheitsberufen. Von renommierten Autor*innen aller Springer-Verlagsmarken.

Andrea Montua

Transformationen begleiten

Mit starker Führung und klarer Kommunikation den Wandel gestalten

Andrea Montua
MontuaPartner Communications GmbH
Hamburg, Deutschland

ISSN 2197-6708　　　　　　　ISSN 2197-6716　(electronic)
essentials
ISBN 978-3-658-48529-0　　　ISBN 978-3-658-48530-6　(eBook)
https://doi.org/10.1007/978-3-658-48530-6

Die Deutsche Nationalbibliothek verzeichnet diese Publikation in der Deutschen Nationalbibliografie; detaillierte bibliografische Daten sind im Internet über https://portal.dnb.de abrufbar.

© Der/die Herausgeber bzw. der/die Autor(en), exklusiv lizenziert an Springer Fachmedien Wiesbaden GmbH, ein Teil von Springer Nature 2025

Das Werk einschließlich aller seiner Teile ist urheberrechtlich geschützt. Jede Verwertung, die nicht ausdrücklich vom Urheberrechtsgesetz zugelassen ist, bedarf der vorherigen Zustimmung des Verlags. Das gilt insbesondere für Vervielfältigungen, Bearbeitungen, Übersetzungen, Mikroverfilmungen und die Einspeicherung und Verarbeitung in elektronischen Systemen.
Die Wiedergabe von allgemein beschreibenden Bezeichnungen, Marken, Unternehmensnamen etc. in diesem Werk bedeutet nicht, dass diese frei durch jede Person benutzt werden dürfen. Die Berechtigung zur Benutzung unterliegt, auch ohne gesonderten Hinweis hierzu, den Regeln des Markenrechts. Die Rechte des/der jeweiligen Zeicheninhaber*in sind zu beachten.
Der Verlag, die Autor*innen und die Herausgeber*innen gehen davon aus, dass die Angaben und Informationen in diesem Werk zum Zeitpunkt der Veröffentlichung vollständig und korrekt sind. Weder der Verlag noch die Autor*innen oder die Herausgeber*innen übernehmen, ausdrücklich oder implizit, Gewähr für den Inhalt des Werkes, etwaige Fehler oder Äußerungen. Der Verlag bleibt im Hinblick auf geografische Zuordnungen und Gebietsbezeichnungen in veröffentlichten Karten und Institutionsadressen neutral.

Redaktionelle Mitarbeit: Christiane Capps

Planung/Lektorat: Imke Sander
Springer Gabler ist ein Imprint der eingetragenen Gesellschaft Springer Fachmedien Wiesbaden GmbH und ist ein Teil von Springer Nature.
Die Anschrift der Gesellschaft ist: Abraham-Lincoln-Str. 46, 65189 Wiesbaden, Germany

Wenn Sie dieses Produkt entsorgen, geben Sie das Papier bitte zum Recycling.

Was Sie in diesem *essential* finden

- **Praktische Methoden und Tools für nachhaltigen Wandel:** Damit Transformation gelingt, sind Kommunikation und Führung grundlegende Bestandteile. Wir stellen in diesem Buch konkrete Werkzeuge vor, darunter Kommunikationsformate, Führungsansätze und Techniken zum Umgang mit Widerständen. Sie erhalten sofort umsetzbare Impulse für die eigenen Transformationsprojekte.
- **Fokus auf die Menschen als Erfolgsfaktor:** Wir zeigen, wie Kultur, Kommunikation und Führung aktiv genutzt werden können, um Wandel voranzubringen, nachhaltig zu verankern und Führungskräfte und Mitarbeitende in den Prozess einzubinden.
- **Praxisbeispiele und Best Practices:** Durch Beispiele aus dem Unternehmensalltag wird deutlich, wie andere Transformationsprozesse erfolgreich gemeistert haben – und welche Fehler vermieden werden können.

Vorwort[1]

Liebe Leserin,
lieber Leser,
Veränderungen können großartig sein – wenn es draußen wieder wärmer wird, wir eine neue Wohnung beziehen oder neuen, spannenden Menschen begegnen. Und auch wenn wir uns selbstgesteuert verändern, neue Hobbys aufnehmen oder uns in unseren Familien, Freundeskreisen und Organisationen weiterentwickeln. Unbehagen bereitet uns das nur selten. Veränderung an sich bietet dafür auch keinen Grund.

Wahrscheinlich werden Sie auch nicht nervös, wenn Sie aus dem Zugfenster die vorbeifliegende und sich immer wieder verändernde Landschaft beobachten, während Sie von der Ostsee nach Bayern fahren, oder?

Gerade jetzt aber schlagen die Veränderungswellen bei manchen von uns besonders hoch. Geopolitisch scheint es mit der Ruhe nicht mehr weit her, die Wirtschaft bereitet in vielen Branchen Kopfzerbrechen, eine langfristige Entspannung ist nicht in Sicht.

Für uns, die wir mit der Kommunikation, und in diesem Zusammenhang auch mit der Kultur in einer Organisation betraut sind, ist klar: Veränderungen sind und bleiben Bestandteil der täglichen Arbeit. Die gute Nachricht: Darauf können wir uns hervorragend vorbereiten, wenn wir eines bedenken:

---

[1] PS: Zu diesem Buch gibt es eine Microsite, auf der Sie hilfreiche Checklisten, Cases und Tipps für Ihren Wandel finden: https://montua-partner.de/essentials.

> *Transformation beginnt bei den Menschen – im ersten Schritt bei uns selbst. Sie ist kein einmaliges Ziel, sondern ein lebendiger Prozess. Richtig geplant und umgesetzt stärkt sie uns, unsere Organisationen und macht uns zukunftsfähig.*

Warum dieses Buch?
Transformationen, so sehen wir es in unserer täglichen Arbeit, erreichen ein neues Level, eine neue Qualität. Im Vergleich zu den Veränderungsprozessen der vergangenen Jahre kommen aktuell weitere Aspekte hinzu, die die Dramatik deutlich erhöhen: Zum einen findet Wandel auf vielen Ebenen statt, Prozesse laufen gleichzeitig oder überlagern sich. Die wirtschaftliche und geopolitische Lage wird als unberechenbar empfunden und auch die Entwicklungen im Feld der Künstlichen Intelligenz befeuern Ängste. Ein herausfordernder Mix.

Mit diesem Buch möchten wir aufzeigen, was es braucht, um den Wandel erfolgreich zu gestalten und gestärkt aus ihm hervorzugehen. Wir werfen dazu einen kurzen und knackigen Blick auf die Bedürfnisse der Mitarbeitenden, auf die Führungskräfte und die Prozesse. Wir schauen auf die Unternehmenskultur. Sie ist das Herzstück jeder erfolgreichen Transformation, weil sie das Denken, Fühlen und Handeln aller Beteiligten prägt – sichtbar wie unsichtbar. Sie wirkt auf alles: auf den Umgang mit Unsicherheit, auf die Qualität des Austauschs, auf den Mut zur Innovation und auf die Frage, ob Wandel bloß ertragen oder aktiv mitgestaltet wird.

Und wir schauen auf Sie, liebe Leserin oder lieber Leser, der Sie den Wandel steuern und begleiten. Als Führungskraft, Kommunikations- oder HR-Profi, Organisationsentwickler*in oder Change-Manager*in stehen Sie an der Schnittstelle zwischen der Informationsweitergabe und der Verantwortung für das, was die Mitarbeitenden wissen und denken und wie sie sich fühlen. Ihre Aufgabe ist es nicht nur, Veränderungen zu erklären, sondern sie wahrhaft erlebbar zu machen, damit Mitarbeitende sich wertgeschätzt und mitgenommen fühlen und die Veränderung schlussendlich erfolgreich ist.

Hier setzt dieses Buch an – mit praxisnahen, sofort umsetzbaren Ansätzen für die tägliche Arbeit. Wir zeigen, wie Sie:

1. …Transformation verständlich kommunizieren, damit Mitarbeitende den Sinn hinter dem Wandel erkennen.
2. …Führung im Wandel aktiv leben, indem Sie Orientierung geben und Vertrauen schaffen.

3. …Narrative und Storytelling gezielt einsetzen, um komplexe Themen greifbar zu machen.
4. …Motivation und Engagement erhalten, selbst wenn der Veränderungsdruck steigt.
5. …Ergebnisse sichtbar machen, um Erfolge zu verankern und Veränderungen nachhaltig zu gestalten.

Der größte Stress, die größte Chance

Richtig angegangen, bieten Transformationsprozesse enorme Chancen. Und sie können Freude machen. Wir etablieren neue Strukturen, entwickeln Unternehmenskulturen weiter und stärken Teams. Alles Aufgaben, für die es sich lohnt, gern und mit positivem Grundgefühl aufzustehen.

Mit diesem Buch möchten wir Sie dabei unterstützen, all diese Chancen zu erkennen und sie aktiv zu nutzen. Falls Sie mehr Informationen zu Themen der Internen Kommunikation wünschen, dann empfehlen wir unser Buch „Führungsaufgabe Interne Kommunikation – Erfolgreich in Unternehmen kommunizieren – im Alltag und in Veränderungsprozessen". Es ist ebenfalls bei Springer Gabler erschienen.

Ich freue mich, wenn wir uns vielleicht bald auf einer Tagung begegnen oder Sie sich bei mir per LinkedIn oder E-Mail melden, damit wir uns austauschen können – zu den Erfahrungen, die Sie in den aktuellen Transformationsprozessen machen und zu Ihren Fragen im Rahmen von Führungs- und Kommunikationsthemen.

Andrea Montua

Inhaltsverzeichnis

1 Was Transformation erfolgreich macht 1
   1.1   Transformation und Change – warum Veränderung nicht gleich Veränderung ist 2
   1.2   Herausforderungen und Stolpersteine in der Transformation 4
   1.3   Kurven, Formeln und Modelle, die uns durch den Wandel begleiten 4
   1.4   Mehr Energie: Unternehmenskultur als Motor für die Transformation 7
   1.5   Die Zielgruppe fest im Blick – mit systemischem Weitwinkel .. 9
   1.6   Gut geplant ist halb gewonnen – die Change-Roadmap 12
   1.7   Erfolg ist messbar – auch im Wandel 12
   1.8   Boxenstopps planen: Führen und verändern heißt auch, den Blick auf sich zu richten 13
   1.9   Take-aways 15

2 Motivation und Bedürfnisse der Mitarbeitenden in Veränderungsprozessen 17
   2.1   Bedürfnisse verstehen: Warum Veränderung oft Widerstand erzeugt 18
   2.2   Veränderungsdynamik erhöhen: Die Hebel der Motivation kennen 20
   2.3   Psychologische Sicherheit im Wandel 21

	2.4	Wie Ängste sichtbar gemacht und adressiert werden können ...	23
	2.5	Personalentwicklung: Menschen befähigen und für Orientierung sorgen	25
	2.6	Wie Mitarbeitende Veränderungsprozesse als „ihren" Wandel ansehen	25
	2.7	Take-aways	26
3	**Die Rollen von Führung, Kommunikation und HR**		**27**
	3.1	Vorbild und Ansprechpartner: Die Rolle der Führungskräfte	28
	3.2	Den Wandel gemeinsam voranbringen: Die Rolle von Kommunikation und HR	29
	3.3	Ein Tool zum Weitersagen: Die 5-Minuten-Führungsaufgabe ...	30
	3.4	Empathisch führen ist eine Schlüsselkompetenz	31
	3.5	Multiplikatoren finden und einbinden	32
	3.6	Take-aways	32
4	**Kommunikation als Fundament der Veränderung**		**35**
	4.1	Der Dreiklang erfolgreicher Veränderungskommunikation	36
	4.2	Die richtige Frequenz – wie oft ist „oft genug"?	37
	4.3	Was tun, wenn Mitarbeitende der Organisation nicht (mehr) glauben?	38
	4.4	Kognitive Verzerrungen in der Veränderungskommunikation	40
	4.5	Der richtige Kanal für die richtige Botschaft	41
	4.6	Vom Umgang mit Veränderungsmüdigkeit und Verweigerung ...	42
	4.7	Der „Golden Circle" als Leitplanke auf dem Weg	44
	4.8	Mitarbeitende als Change-Botschafter*innen gewinnen	45
	4.9	Quick Wins und erste Erfolge kommunizieren	46
	4.10	Rituale und Symbole zur Verankerung der Transformation	46
	4.11	Take-aways	47
5	**Helden am Lagerfeuer: Geschichten der Transformation**		**49**
	5.1	Das Big Picture	50
	5.2	Wie Geschichten den Wandel unterstützen	51
	5.3	Negative Narrative erkennen und verändern	53
	5.4	Die Change-Story-Formel	54
	5.5	Geschichten als Führungsinstrument nutzen	55
	5.6	Take-aways	56

6 Schlusswort 57

Was Sie aus dem *essential* mitnehmen 59

Literatur 61

Über die Autorin

Andrea Montua ist Inhaberin von MPC, einer Strategieberatung für Transformation, Kultur und Kommunikation im DACH-Raum. Seit 2004 berät und begleitet sie mit ihrem Team Konzerne, mittelständische (Familien-)Unternehmen und Behörden in Phasen der Veränderung.

Dazu gehören die Weiterentwicklung der Führungs- und Unternehmenskultur ebenso, wie der Aufbau, die Optimierung und die Professionalisierung der Internen Kommunikation im Unternehmen. Ziel ist es, Organisationen (zurück) in ihre menschliche Kraft zu bringen, die Resilienz der Unternehmen in Veränderungsprozessen zu erhöhen und das Engagement und die Bindung der Mitarbeitenden zu intensivieren.

In ihrem Podcast „Auf einen Tee" geht Andrea Montua mit Expert*innen unterschiedlicher Fachbereiche ins Gespräch, um relevante Themen aus dem Arbeitsalltag von Kommunikationsverantwortlichen und Führungskräften zu beleuchten.

Ihr Buch „Führungsaufgabe Interne Kommunikation: Erfolgreich in Unternehmen kommunizieren – im Alltag und in Veränderungsprozessen" erschien im Frühjahr 2024 in zweiter Auflage, ebenfalls im Springer Gabler Verlag.

Das vorliegende Buch ist unter der wertvollen und unverzichtbaren Mitarbeit von **Christiane Capps** entstanden. Christiane ist seit mehr als 25 Jahren Redakteurin für interne und externe Kommunikation und seit 2020 Teil des MontuaPartner Communications Teams. Sie unterstützt Kunden und das interne Team dabei, Geschichten der Veränderung zu schreiben und Mitarbeitende auf dem Weg durch Veränderungsprozesse zu begleiten.

Nicht zuletzt hat ChatGPT als unsichtbarer Co-Autor mitgedacht, mitgefeilt und -sortiert und uns während des Schreibens mit Impulsen versorgt.

Was Transformation erfolgreich macht

Drei zentrale Thesen:

1. **Change ist nicht gleich Transformation.**
   Veränderung ist nicht gleich Veränderung. Während Change-Prozesse eher Strukturen und Prozesse optimieren und im Projektumfeld bleiben, gehen Transformationen ans Eingemachte. Sie verändern Organisationen im Kern – Kultur, Haltung und Identität eingeschlossen.
2. **Veränderung braucht Vision und Klarheit.**
   Transformation braucht nicht nur pure Informationen, sondern Geschichten, die verbinden. Eine starke Vision, ehrliche Dialoge und emotionale Kommunikation schaffen erst das Fundament, auf dem Mitarbeitende mitgehen können. Wer nur Ansagen macht, wird nichts und niemanden bewegen.
3. **Kultur schlägt Strategie.**
   Technologien und Prozesse lassen sich immer wieder verändern oder einführen. Ob Transformation aber wirklich gelingt, entscheidet sich auf Grundlage bestehender oder veränderter Kultur. Visionen erarbeiten, Werte definieren, Führung erlebbar machen und Kommunikation auf Augenhöhe ermöglichen sind nur einige der erfolgskritischen Kulturthemen.

1.1 Transformation und Change – warum Veränderung nicht gleich Veränderung ist

Jedem Projekt, jedem Konzept, jedem Thema, dem wir uns in unserem Arbeitsalltag annehmen, liegt üblicherweise eine genaue Analyse der Herausforderungen, Umstände und der Ist-Situation zugrunde. Das ist auch bei Veränderungsprozessen so. Allerdings beobachten wir hier einen unguten Trend: Die Verwässerung der beiden unterschiedlichen Themenfelder Change und Transformation.

> **Beispiel**
>
> Anna M. ist seit zehn Jahren im Unternehmen und kennt die Branche in- und auswendig. Ihr Maschinenbauunternehmen ist für seine Qualität und Zuverlässigkeit bekannt. Doch die Welt ändert sich. Nachhaltigkeit, Digitalisierung und ein steigender Wettbewerbsdruck setzen das Traditionsunternehmen unter Zugzwang. Als Leiterin der Unternehmensstrategie steht sie vor einer gewaltigen Herausforderung: Die Produktion muss effizienter, ressourcenschonender und vernetzter werden. Eine neue Software zur Automatisierung wurde bereits eingeführt – doch der erhoffte Wandel bleibt aus.
>
> Ihre größten Herausforderungen:
>
> - Die Belegschaft steht den Neuerungen skeptisch gegenüber – viele fürchten um ihre Arbeitsplätze.
> - Die Unternehmenskultur ist auf Stabilität ausgerichtet, nicht auf Innovation.
> - Führungskräfte halten an alten Strukturen fest und setzen die Veränderungen nur halbherzig um. Agile Arbeitsweisen werden nicht genutzt.
>
> Anna erkennt: Es braucht mehr als ein neues System. Es braucht eine Veränderung der Kultur, der Denkweise in den Köpfen der Mitarbeitenden. Eine Transformation. Ganz offenbar reicht es nicht, Tools und Prozesse zu verändern, wenn das Mindset im Unternehmen so ausgerichtet ist, dass es an dem, was war, festhält. Es braucht veränderte Arbeits- und Denkweisen, neue Rollen, eine andere Form von Entscheidungsprozessen. Doch wie kann sie das erreichen? ◄

▶ **Definitionen**
In der heutigen dynamischen Geschäftswelt sind Unternehmen ständig mit Veränderungen konfrontiert. Doch nicht jede Veränderung ist gleich – die Begriffe

"Change" und "Transformation" werden oft synonym verwendet, unterscheiden sich jedoch grundlegend:

- **Change** ist eine Anpassung innerhalb einer bestehenden Kultur und vorhandener Strukturen. Prozesse, Tools oder Strategien ändern sich, aber das Grundgerüst bleibt bestehen. Beispiel: Eine neue Software wird eingeführt, Abläufe werden optimiert.
- **Transformation** geht tiefer. Sie verändert nicht nur das Wie, sondern das Warum, das Was und oft auch das Wer. Es geht um einen grundlegenden Wandel der Kultur und Identität eines Unternehmens. Beispiel: Ein traditionelles Industrieunternehmen entwickelt sich zu einem digitalisierten Dienstleister.

Die Kommunikation funktioniert in beiden Fällen anders:

- **Change-Kommunikation** braucht vor allem klare Umsetzungspläne, Meilenstein- und Ergebniskommunikation, schnelle Antworten und ein starkes Erwartungsmanagement.
- **Kommunikation in der Transformation** hat die Aufgabe, Menschen auf eine Reise mitzunehmen, Sinn zu vermitteln und Ängste ernst zu nehmen. Sie braucht deutlich mehr Dialog, mehr emotionale Ansprache und eine eher langfristige Perspektive.

▶ **Wichtig**
Unternehmen glauben oft, sie würden einen Change-Prozess anstoßen, während es sich tatsächlich aber eher um eine sehr tiefgreifende, transformierende Veränderung handelt. Die Folge: Unverständnis und Frust bei den Menschen, die den Wandel mit Leben füllen sollen – den Mitarbeitenden und Führungskräften. Und letztlich das Scheitern. Denn Transformation ist eben nicht gleich Veränderung, nicht „mal eben so" zu erreichen. Mitarbeitende haben andere Fragen, andere Ängste und andere Bedürfnisse, wenn ein Wandel die Organisation in Gänze und eben auch die Arbeitsweisen und bisherigen Denkmuster betrifft.

1.2 Herausforderungen und Stolpersteine in der Transformation

Transformationsprojekte scheitern oft an bestimmten Stolpersteinen, die Unternehmen frühzeitig erkennen und vermeiden können. Eine der größten Hürden ist die fehlende oder mangelhafte Kommunikation. Wenn Mitarbeitende nicht verstehen, warum eine Veränderung notwendig ist, woher also der Leidensdruck kommt, welche Vision dahintersteht, entstehen Unsicherheiten und Widerstände. Wie bei Anna aus unserem Praxisbeispiel: die Einführung einer neuen Software, die sich bei näherer Betrachtung eher als fundamentaler Wandel in der Zusammenarbeit entpuppt hat. Behandelt man diesen Prozess wie einen Change, ist das Scheitern vorprogrammiert. Ohne eine langfristige Vision zu vermitteln, fühlen sich Mitarbeitende übergangen oder bedroht, lehnen die neue Lösung ab und/oder boykottieren diese vielleicht sogar aktiv.

Ebenso entscheidend sind Vorbilder innerhalb der Organisation. Führungskräfte beispielsweise müssen die Veränderungen aktiv vorleben. Strebt das Management eine innovationsfreudige Unternehmenskultur an, hält aber gleichzeitig an starren Entscheidungsprozessen und zig Genehmigungsstufen fest, verlieren Mitarbeitende das Vertrauen in den Wandel. Glaubwürdigkeit entsteht dann, wenn das Führungsteam mit gutem Beispiel vorangeht und sich selbst auf den Wandel einlässt.

Häufig scheitern Veränderungen an zu vielen gleichzeitigen Projekten. Führt ein Unternehmen gleichzeitig neue Maschinen ein, startet agile Methoden und eine umfassende Restrukturierung, entsteht Überforderung. Eine Priorisierung der Schwerpunkte und Formulierung des Big Pictures (s. Kap. 5) hilft, nachhaltige Erfolge zu erreichen und nie das Gesamtziel aus den Augen zu verlieren.

1.3 Kurven, Formeln und Modelle, die uns durch den Wandel begleiten

Veränderungsprozesse ziehen veränderte kommunikative Bedürfnisse bei Mitarbeitenden und Führungskräften nach sich. Ein bewährtes Modell zur Erklärung, warum Veränderungsenergie positiv oder auch korrosiv und hemmend sein kann, ist die Change-Formel nach Beckhard & Harris (1977):

$$C = L \times V \times K > W$$

1.3 Kurven, Formeln und Modelle, die uns durch den Wandel begleiten

Diese Gleichung beschreibt die Bedingungen für eine erfolgreiche Transformation:

- **C (Change):** Veränderungsenergie entsteht, wenn die nachfolgenden Faktoren ausreichend hoch sind.
- **L (Leidensdruck):** Die Unzufriedenheit mit der aktuellen Situation muss groß genug sein, damit Veränderung als notwendig empfunden wird.
- **V (Vision):** Es braucht eine klare, attraktive Vorstellung der Zukunft, die Orientierung gibt und Menschen inspiriert.
- **K (Konkrete Schritte):** Veränderung erfordert einen gut durchdachten, realistischen Plan mit messbaren Etappen.
- **W (Widerstände/Kosten):** Die empfundenen Kosten der Veränderung (z. B. Aufwand, Unsicherheit, Verlust von Routinen) dürfen nicht größer sein, als die Veränderungsenergie.

Fehlt einer der Faktoren oder ist er zu niedrig ausgeprägt, wird der Wandel langsam(er) verlaufen oder scheitern. So bleibt eine Transformation ohne Vision orientierungslos oder ohne konkrete Schritte in der Theorie stecken.

Doch dies ist nicht der einzige Fallstrick. Veränderungen geschehen selten isoliert, vielmehr laufen in den meisten Unternehmen zahlreiche Veränderungsprozesse gleichzeitig ab. Ist das eine Projekt noch nicht beendet, beginnt bereits das nächste. Hier sind Führungskräfte und die Kommunikation gefordert, den Überblick zu behalten und ihn vor allem auch den Mitarbeitenden zu geben.

Die klassische Change-Kurve nach Streich (2016) beschreibt folgende (emotionale) Phasen im Wandel (s. Abb. 1.1):

1. Phase: Schock – Die Menschen sind überfordert und lehnen die Veränderung auf emotionaler Ebene ab. Gefühle wie Angst und Sorge prägen die Situation. Die Produktivität sinkt.
2. Phase: Ablehnung – Die Veränderung wird bewusst und unter Benennung rationaler Gründe abgelehnt.
3. Phase: Rationale Einsicht – Die Menschen merken, dass die geplanten Veränderungen nicht zu umgehen sind und ziehen deren Sinnhaftigkeit in Betracht.
4. Phase: Emotionale Akzeptanz – Nachdem erst nur die Ratio Bereitschaft signalisiert hatte, folgen nun auch die Emotionen (das „Tal der Tränen"), die innere Ablehnung schwindet und neue Verhaltensweisen entstehen.
5. Phase: Lernen – Menschen beginnen, die Veränderung nicht nur geschehen zu lassen, sondern sie aktiv mitzugestalten und daraus zu lernen.

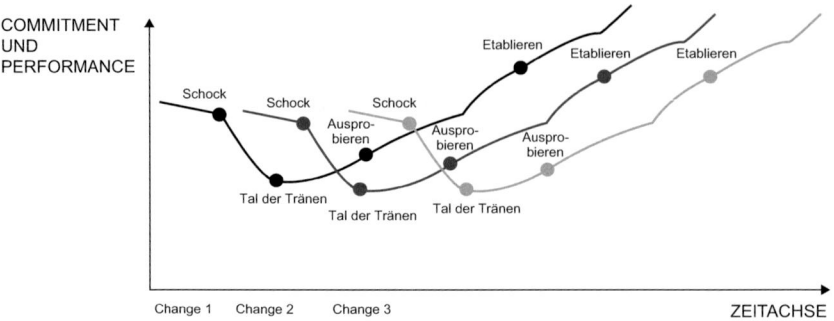

Abb. 1.1 In Anlehnung an die sieben Phasen der Veränderung nach Richard K. Streich. (Quelle: Eigene Darstellung)

6. Phase: Erkenntnis – Mitarbeitende erleben Positives rund um die Veränderung und beginnen, die Veränderung gut zu finden. Neugierde weicht einer positiven Bewertung.
7. Phase: Integration – Neue Arbeitsabläufe und Prozesse sind fest in den Alltag integriert. Dies hat eine Steigerung der Leistungsfähigkeit zur Folge.

Im Alltag kommt selten nur ein Change-Prozess allein, die Kurven überlagern sich. Für die Kommunikation bedeutet das:

- **Synchronisation ist essenziell.** Veränderungskommunikation muss das Neue in einen verständlichen Gesamtzusammenhang („Big Picture", s. Kap. 5) setzen.
- **Unterschiedliche Zielgruppen, diverse Bedürfnisse.** Kommunikation muss daher passgenau und zielgruppenspezifisch sein.
- **Kohärente Kernbotschaften.** Selbst wenn verschiedene Veränderungen stattfinden, sollte eine übergeordnete Vision erkennbar sein.

Bei der Frage nach dem „Wie" können Kommunikationsverantwortliche sich von dem 8-Stufen-Modell von John P. Kotter (Kotter 1996) inspirieren lassen. Es stammt aus den 90er Jahren, hat allerdings seitdem nichts von seiner Aktualität eingebüßt und zeigt, dass nachhaltiger Wandel nicht zufällig geschieht, sondern bewusst gesteuert werden muss. Die Stufen sind:

1. Dringlichkeit erzeugen
2. Ein starkes Führungsteam aufbauen
3. Eine klare Vision entwickeln
4. Die Vision kommunizieren
5. Hindernisse aus dem Weg räumen
6. Kurzfristige Erfolge erzielen
7. Veränderungen weiter vorantreiben
8. Den Wandel in der Kultur verankern

1.4 Mehr Energie: Unternehmenskultur als Motor für die Transformation

Eine erfolgreiche Transformation beginnt nicht mit neuen Prozessen oder Technologien, sondern mit den Menschen. Sie brauchen eine Umgebung, die Wandel nicht nur zulässt, sondern aktiv fördert. Transformation gelingt dann, wenn sie auf einer stabilen kulturellen Basis aufbaut. Werte, Mindsets und Rituale entscheiden darüber, ob Neuerungen akzeptiert oder abgewehrt werden.

Was macht eine Kultur aus, die Wandel fördert?

- **Sie erlaubt psychologische Sicherheit:** Menschen brauchen das Gefühl, Fehler machen zu dürfen, ohne negative Konsequenzen fürchten zu müssen. Lernen und experimentieren sind essenziell für Wandel.
- **Sie ermöglicht Veränderungen:** Bspw. in Form von Innovation Labs, Experimentierräumen und Prototyping-Prozessen, um neue Arbeitsweisen zu erproben.
- **Sie setzt auf Transparenz und Kommunikation:** Mitarbeitende werden aktiv in den Wandel eingebunden, sei es durch offene Dialogformate oder „Ask-me-Anything"-Sessions mit der Führungsebene.
- **Sie fördert das Teilen von Erfolgsgeschichten:** Menschen orientieren sich an Vorbildern. Gelungene Veränderungsprojekte sollten erzählt werden, um Vertrauen zu schaffen und Wandel greifbar zu machen.

- **Sie bildet den Rahmen für gemeinsame Erlebnisse und Rituale:** Regelmäßige Innovationssprints, Transformationstage oder Lern-Communitys stärken das gemeinsame Verständnis für Veränderung.

Was tun, wenn die Unternehmenskultur noch nie aktiv gestaltet wurde?
Zuerst einmal: Kultur existiert immer, auch dann, wenn sie vielleicht nie besonders gefördert wurde, gemeinsame Werte nicht definiert, eine Vision nicht aktiv formuliert wurde. Die Kultur, die dann existiert, ist organisch gewachsen, genau wie die Art und Weise des Miteinanders, die sich im Laufe der Firmengeschichte entwickelt hat.

Sind also all diese Felder bisher nicht strategisch bedacht worden, ist spätestens vor dem nächsten Veränderungsprozess der richtige und notwendige Zeitpunkt dafür. Es gilt, Purpose, Vision, Mission und Werte zur Basis der neuen Ausrichtung zu machen.

Nehmen Sie die Kulturentwicklung aktiv in die Hand und geben Sie Impulse in Ihre Organisation, die den Veränderungsweg passend begleiten.

> **Beispiel**
>
> Ein Unternehmen hatte keine explizit benennbare oder gar definierte Kultur. Nach mehreren Zukäufen wurde an dieser Stelle ein Mangel spürbar. Die Mitarbeitenden waren unsicher, woran sie sich orientieren sollten. Was sollte künftig gelten: die Werte und Regeln des einen Unternehmens oder Vision, Mission und Führungsleitbild des zweiten Unternehmens? Das Unternehmen startete mit einer Umfrage und mit Fokusgruppen. Dabei stellte sich heraus, dass vor allem der Wunsch nach mehr Eigenverantwortung und offener Kommunikation bestand. Die Führungsebene reagierte darauf mit klaren Signalen: Sie führte regelmäßige Feedback-Runden ein und unterstützte neue Arbeitsweisen. Die ersten sichtbaren Erfolge sorgten für Motivation und trieben die Kulturentwicklung weiter voran. Workshops zur passenden gemeinsamen Vision, zu Werten, die für alle gelten sollten, und zu den Leitplanken der neuen Kultur, folgten im weiteren Verlauf. ◄

Kulturwandel braucht klare Schritte:

1. **Ist-Zustand analysieren:** Wo stehen wir? Was empfinden Mitarbeitende als hinderlich oder förderlich?

2. **Vision, Mission und Werte gemeinsam erarbeiten:** Nicht von oben definieren, sondern im Dialog entwickeln.
3. **Führungskräfte als Kulturträger etablieren:** Sie müssen mit gutem Beispiel vorangehen.
4. **Kommunikation als Schlüssel nutzen:** Wandel offen thematisieren und immer wieder zur Debatte stellen.
5. **Erste sichtbare Erfolge schaffen:** Kleine, spürbare Veränderungen sorgen für Vertrauen und Momentum.

1.5 Die Zielgruppe fest im Blick – mit systemischem Weitwinkel

Bleiben wir bei dem Beispiel des Unternehmens, das eine neue Software einführt. Die IT-Abteilung freut sich über moderne Technologie, aber das Team im Kundenservice fürchtet, dass die Arbeitsabläufe komplizierter werden. Ohne einen systemischen Blick erkennt man solche Widerstände oft zu spät.

Ein systemischer Ansatz hilft, Zielgruppenarbeit auf ein neues Level zu heben. Denn: Jede Veränderung ist ein komplexes Zusammenspiel von Menschen, Strukturen und Prozessen. Unterschiedliche Stakeholder haben unterschiedliche Erwartungen, Ängste und Bedürfnisse. Zielgruppenarbeit heißt hier: nicht isoliert auf die Kommunikation schauen – sondern auf das ganze System.

Personas machen Zielgruppen greifbar

Im Transformationsprozess helfen Personas, also veranschaulichende Beispielvertreter*innen der jeweiligen Zielgruppen, Komplexität zu reduzieren, ohne sie zu vereinfachen. Sie machen greifbar, wie unterschiedliche Gruppen denken, fühlen und handeln – und ermöglichen so gezielte Kommunikation, echte Beteiligung und wirksame Maßnahmen. Anstatt sich im Allgemeinen zu verlieren („die Mitarbeitenden", „die Führungskräfte"), lassen sich mit Personas konkrete Bedarfe adressieren:

- „Anna, die Kundenversteherin" (z. B. Teamleitung Kundenservice): Will, dass ihre Kunden zufrieden sind, Mitarbeitende sich sicher fühlen, braucht klare Anleitungen und Raum für Fragen.
- „Markus, der Tech-Enthusiast" (z. B. Prozessmitarbeiter*in IT): Begeistert sich für neue Tools, verliert aber schnell das Interesse, wenn andere nicht mitziehen.

- **„Fatima, die Brückenbauerin"** (z. B. Referent*in Kommunikation): Will zwischen Management und Belegschaft vermitteln, braucht dafür verlässliche Informationen und Zugang zu den Führungskräften.
- **„Lena, die Vertrauensperson"** (z. B. Teamleiter*in Produktion): Wird häufig als informelle Ansprechperson gesehen, kann Wandel positiv oder negativ beeinflussen – je nachdem, wie gut sie eingebunden ist.
- **„Stefan, der Pragmatiker"** (z. B. Sachbearbeiter*in Buchhaltung): Steht Neuerungen eher kritisch gegenüber und hinterfragt oft die Notwendigkeit. Braucht klare wirtschaftliche Argumente und messbare Ergebnisse, um überzeugt zu werden.

Personas machen die Kommunikation mit den dahinterstehenden Zielgruppen gezielter und somit wirksamer. Formate treffen besser die Bedürfnisse, Führungskräfte lassen sich gezielt befähigen, weil Erwartungen an sie im Wandel ebenso klar benannt wie unterstützt werden. Kurz: Personas machen aus Zielgruppen echte Dialogpartner. Sie fördern systemisches Denken im Kleinen und ermöglichen wirksame Veränderung im Großen.

Von der Analyse zur Umsetzung: Zielgruppen wirksam einbinden
Ein systemischer Blick und klar definierte Personas sind der Ausgangspunkt – aber erst die richtige Einbindung macht den Unterschied. Denn eine gute Zielgruppenarbeit bleibt nicht in der Analyse stehen. Sie beantwortet die Frage: Wie gestalte ich Wandel mit den Menschen – nicht an ihnen vorbei?

Drei Prinzipien wirksamer Stakeholder-Arbeit:

1. **Vernetztes systemisches Denken**
   Jede Veränderung hat Nebenwirkungen: Eine neue Technologie beispielsweise kann Prozesse erleichtern, aber gleichzeitig Angst vor dem Jobverlust auslösen. Wer Abhängigkeiten und Wechselwirkungen frühzeitig erkennt, kann klügere Entscheidungen treffen.
2. **Partizipation als Erfolgsfaktor**
   Menschen akzeptieren Veränderungen eher, wenn sie mitgestalten dürfen. Beteiligung reduziert Widerstände und erhöht die Identifikation mit dem Wandel.
3. **Dynamik berücksichtigen**
   Unternehmen verändern sich ständig – und damit auch ihre Stakeholder. Ein einmaliges Stakeholder-Management reicht nicht, es muss kontinuierlich (mindestens halbjährlich) angeschaut und im besten Falle angepasst werden.

1.5 Die Zielgruppe fest im Blick – mit systemischem Weitwinkel

So gelingt die Einbindung in der Praxis

1. Bedürfnisse verstehen – bevor der Widerstand kommt
Eine Transformation möchte das Unternehmen zukunftsfähiger machen. Sollen Mitarbeitende dies akzeptieren, brauchen Organisationen früh ein Gefühl für die Ängste und Erwartungen aller Beteiligten. Dabei helfen:

- Umfragen und Interviews, um Bedürfnisse sichtbar zu machen
- Personas, die auch mit den Zielgruppen diskutiert werden
- Design-Thinking-Workshops, um kreative Lösungen zu entwickeln
- Stakeholder-Mappings, um Wechselwirkungen zu verstehen

2. Eine kluge Einbindungs- und Kommunikationsstrategie entwickeln
Frühe Einbindung schafft Vertrauen und reduziert Widerstände. Eine gute Kommunikationsstrategie (s. auch Kap. 3) beantwortet drei Fragen:

- **Wer?** Welche Gruppen sind betroffen oder haben Einfluss?
- **Wann?** In welchen Phasen ist ihre Beteiligung entscheidend?
- **Wie?** Welche Form der Einbindung passt zu welcher Gruppe?

3. Messbare Meilensteine setzen
Ohne klare Indikatoren bleibt Veränderung ein Bauchgefühl. Unternehmen sollten KPIs definieren, um Fortschritt und Wirkung messbar zu machen:

- **Zufriedenheit der Mitarbeitenden:** Steigt das Vertrauen in die Transformation?
- **Veränderungsbereitschaft:** Wie hoch ist die Akzeptanz neuer Prozesse?
- **Innovationsgrad:** Werden neue Ideen eingebracht und umgesetzt?

Regelmäßige Evaluationen ermöglichen Anpassungen und sichern nachhaltige Ergebnisse.

1.6 Gut geplant ist halb gewonnen – die Change-Roadmap

Veränderung ist ein sehr strukturierter Prozess. Idealerweise. Einer der meistzitierten Ansätze stammt von John P. Kotter (Kotter, 1996), der mit seinem 8-Stufen-Modell einen Standard geschaffen hat (siehe Abschn. 1.2). Eine 30–90–360-Tage-Roadmap, orientiert an seiner Logik, hilft in Transformationsprojekten, die (ersten) Monate der Veränderung klug zu strukturieren.

Zu Beginn des Planungsprozesses haben Sie Befragungen durchgeführt, Kommunikationsbedarfe festgestellt, Zielgruppen definiert, Personas erarbeitet. All diese Erkenntnisse gilt es dann, im Rahmen der Change-Roadmap zusammenzuführen. Wer braucht welche Informationen warum und bis wann? Und in welcher Frequenz sollten Updates erfolgen?

Ein kurzer Blick auf die groben Phasen eines klassischen Transformationsprozesses:

1. **In den ersten 30 Tagen** heißt es, Orientierung zu geben, Dringlichkeit aufzuzeigen und Vertrauen zu schaffen. Die Notwendigkeit des Wandels muss klar und emotional vermittelt werden – mit Daten, Analysen und starken Narrativen. Zielbilder entstehen, Stakeholder werden einbezogen und Führungskräfte auf ihre Rolle als Taktgeber vorbereitet.
2. **Zwischen Tag 31 und 90** folgt die Phase der Aktivierung: Erste sichtbare Maßnahmen und Quick Wins schaffen Glaubwürdigkeit, Hindernisse werden abgebaut, Mitarbeitende aktiv eingebunden. Austauschformate wie Change-Cafés und interne Erfolgsgeschichten unterstützen diesen Prozess.
3. **Ab Tag 90 und den folgenden Monaten** liegt der Fokus auf der Verstetigung: Neue Prozesse werden fest verankert, Fortschritte gemessen, Kultur gezielt weiterentwickelt und Führungskräfte langfristig begleitet. Das Neue wird zur Normalität – durch Erfolgs- und Lessons-Learned-Geschichten sichtbar gemacht, wirksam und tief im Alltag verankert. Das ist kein Sprint, sondern ein Marathon. Echte Transformation braucht Zeit.

1.7 Erfolg ist messbar – auch im Wandel

Wenn Veränderungskommunikation gelingen soll, reicht es nicht, Botschaften zu senden. Entscheidend ist, ob sie gehört, verstanden und verinnerlicht werden – und ob sie etwas auslösen. Evaluation ist dabei ein wertvoller Hebel. Wer im

Wandel führt, muss Wirkung sichtbar machen – nicht, um sich selbst zu beweisen, sondern um gezielt weiterentwickeln zu können.
Diese KPIs geben erste Hinweise:

- **Reichweite:** Wie viele Menschen haben wir erreicht?
- **Verständnis:** Wird die Botschaft verstanden – wirklich?
- **Akzeptanz und Stimmung:** Wie wird die Veränderung aufgenommen?
- **Engagement:** Wer beteiligt sich (immer wieder), wer (auch: welche Bereiche) bleibt außen vor?

Doch: Wirkung beginnt dort, wo Klickzahlen enden. Entscheidend ist, was sich in Köpfen und Verhalten bewegt. Das nennen wir den **Outcome** – also das, was unsere Kommunikation bewirkt, nicht nur das, was sie verbreitet hat.

In der Praxis zeigt sich ein breites Spektrum an Reifegraden in der Evaluation. Drei Muster sind besonders häufig (vgl. Funke, 2024):

- **Wenig professionell:** Einzelmaßnahmen werden allenfalls grob beobachtet, oft fehlt zu Beginn jede Zieldefinition und damit ist eine Messung des Erfolgs nicht möglich.
- **Teilweise professionell:** Es gibt vereinzelte KPIs, teilweise auch qualitative Rückmeldungen – aber keine durchgängige Logik oder kein strategisches Konzept zur Erfolgsmessung.
- **(Weitestgehend) Professionell:** Hier wird systematisch auf mehreren Ebenen gemessen – mit klar definierten Zielen, methodisch sauber und sowohl qualitativ als auch quantitativ. Wirkung auf Output-, Outcome- und Verhaltensebene wird erfasst – und genutzt.

Ganz generell lautet also die Frage nicht nur: Wo stehen wir? Sondern: Wo woll(t)en wir hin – und was brauchen wir dafür? (vgl. Funke, 2024).

1.8 Boxenstopps planen: Führen und verändern heißt auch, den Blick auf sich zu richten

Veränderung trifft nicht nur die Belegschaft. Sie trifft auch diejenigen, die Orientierung geben sollen: Geschäftsführung, Führungskräfte, Organisationsentwickler*innen, Kommunikateur*innen und HR-Expert*innen. In Umbruchphasen zeigt sich, wie entscheidend die Fähigkeit zur Selbstführung ist. Denn wer durch den Wandel führen will, muss vor allem erst einmal sich selbst führen können. Das bedeutet:

- sich bewusst zu machen, wo man selbst steht: in Sachen Mindset, Skills und Widerstände
- die eigenen Antreiber zu kennen
- zu spüren, was uns verunsichert

Nur so können wir handlungsfähig bleiben, auch wenn das Außen wackelt. Das ist kein Luxus, das ist notwendige Alltagsstrategie. Teams spüren, ob Führung klar, stabil und authentisch ist – oder eben nicht. Selbstführung schafft genau diese innere Stabilität und damit die nötige Glaubwürdigkeit nach außen. Denn:

- Wer sich selbst versteht, kann besser auf andere eingehen.
- Wer sich selbst reguliert, begegnet Widerständen souveräner.
- Wer sich selbst motivieren kann, bleibt auch dann kraftvoll, wenn es komplex oder ungemütlich wird.

Hier setzen Coaching- und Sparring-Sessions an. Sie bieten Raum zur Reflexion, zur Standortbestimmung, zur bewussten Entwicklung der eigenen Haltung. Nicht als Schwäche, sondern als Stärke – und als aktiver Beitrag zur Veränderungskultur.

Was funktioniert gut?

- Wenn Coachings von ganz oben starten: Ein Vorstand, der offen über seine Reflexionsräume spricht, wirkt stärker – nicht schwächer.
- Wenn Coaching nicht als Defizit, sondern als Performance-Booster verstanden wird: „Klarheit in Führung und Kommunikation ist mein Job."
- Wenn es niedrigschwellige Formate gibt: Peer-Coachings, Sparrings, Shadowing, Walk & Talks.
- Wenn Kommunikation und HR gemeinsam Verantwortung übernehmen – und Führung nicht allein lassen.

Ein Impuls aus der Praxis
Sie möchten direkt zu Beginn eines Veränderungsprozesses einen positiven Impuls in die Organisation geben? Dann lassen Sie sich als Geschäftsführung durch Moderatoren und Coaches begleiten und sprechen Sie intern darüber. Es geht eben nicht

um Technik oder Transformationstools, sondern um Haltung, Klarheit, Selbstführung. Die Wirkung? Spürbar. In der Kommunikation, in den Entscheidungen, im Miteinander. Und damit in der Glaubwürdigkeit des Wandels.

1.9 Take-aways

Transformation gelingt nicht nur durch die Entwicklung passender Strategien, sie beginnt bei den Menschen. Es braucht eine Vision, die Orientierung gibt, eine Kommunikation, die bewegt, und eine Kultur, die Veränderung nicht nur zulässt, sondern ermöglicht. Führung ist dabei nicht nur Steuerung von außen, sondern vor allem Selbstführung von innen. Wer Wandel gestalten will, muss die Bedürfnisse der Stakeholder verstehen, Widersprüche aushalten können und mit Haltung vorangehen. Veränderung ist kein Projekt, es ist eine gemeinsame Reise.

- **Transformation ist viel mehr als ein Change:** Sie betrifft die Strukturen, die Identität, Haltung und Kultur eines Unternehmens.
- **Kommunikation schafft Verbindung:** Neben reiner Information braucht es gelebte Leitbilder, passende Geschichten und echten Dialog, um Menschen mitzunehmen.
- **Kultur ist ein entscheidender Erfolgsfaktor in Veränderungsprozessen:** Transformation braucht Räume, in denen Neues ausprobiert, Fehler gemacht und gemeinsam gelernt werden darf.

Motivation und Bedürfnisse der Mitarbeitenden in Veränderungsprozessen

Drei zentrale Thesen:

1. **Individuelle Ansprache als Veränderungsboost.**
   Menschen werden durch unterschiedliche Dinge motiviert und möchten auf eine individuelle Art angesprochen und (durch Veränderungen) geführt werden.
2. **Emotionale Sicherheit schafft Vertrauen.**
   Widerstand in Veränderungsprozessen entsteht unter anderem aus mangelndem Vertrauen. Wer für psychologische Sicherheit sorgt, schafft Grundlagen und Spielraum für Entwicklung.
3. **Ownership schlägt Anweisung.**
   Veränderung gelingt, wenn Mitarbeitende sagen: „Das ist auch mein Wandel". Beteiligung und Relevanz sind die Schlüssel zu echter Verantwortung.

Veränderungen können begeistern – oder abschrecken. Sie können als Chancen wahrgenommen werden oder als Bedrohung. Wie Mitarbeitende reagieren, hängt nicht nur von der Veränderung selbst ab, sondern vor allem davon, wie sie kommuniziert, begleitet und erlebbar gemacht wird. Verständnis zu schaffen ist dabei der entscheidende Faktor: Wer sich gesehen und wertgeschätzt fühlt, wird sich eher auf den Wandel einlassen. Doch was genau motiviert Menschen überhaupt? Welche Bedürfnisse haben Mitarbeitende? Und welche Hebel gibt es, um Menschen aktiv in den Veränderungsprozess einzubinden und ihr Vertrauen und ihr Engagement zu festigen?

> **Beispiel**
>
> Daniel K. leitet seit fünf Jahren die interne Kommunikation eines großen Handelsunternehmens. Bisher lief das Geschäft stabil, doch nun steht ein radikaler Wandel an: Der stationäre Handel verliert Marktanteile, während der Online-Vertrieb rasant wächst. Die Geschäftsführung hat entschieden, das Unternehmen digitaler aufzustellen – mit neuen E-Commerce-Plattformen, Automatisierungen in der Logistik und einer verstärkten Nutzung von KI für personalisierte Kundenansprache. Doch mit der Strategie wächst auch der Widerstand in den Teams. Die größten Herausforderungen:
>
> - **Unsicherheit in der Belegschaft** – Viele Mitarbeitende fragen sich, ob ihre Jobs künftig noch gebraucht werden. Besonders in den Filialen und im klassischen Vertrieb geht die Angst um.
> - **„So haben wir das immer gemacht"-Mentalität** – Die Unternehmenskultur ist geprägt von langjährigen Mitarbeitenden, die stolz auf bewährte Prozesse sind. Der Wandel wird als Bedrohung wahrgenommen, nicht als Chance.
> - **Fehlende Identifikation mit dem Wandel** – Die Kommunikation der Transformation verläuft bislang Top-down. Die Mitarbeitenden fühlen sich nicht mitgenommen, sondern vor vollendete Tatsachen gestellt.
> - **Skepsis gegenüber digitalen Lösungen** – In vielen Teams fehlt das Know-how für die neuen Technologien. Die Angst, sich in einer digitalen Welt nicht mehr zurechtzufinden, ist groß.
>
> Daniel K. wird klar: Ein paar schöne PPT-Charts und E-Mails werden nicht ausreichen, um diesen Wandel erfolgreich zu begleiten. Er braucht eine Kommunikationsstrategie, die die Phasen der Veränderung und die Emotionen der Mitarbeitenden berücksichtigt, die Vertrauen aufbaut, Ängste adressiert und Beteiligung ermöglicht. Doch wie kann er das erreichen?◄

2.1 Bedürfnisse verstehen: Warum Veränderung oft Widerstand erzeugt

Unser Gehirn liebt Routinen. Weil sie uns ein gutes Gefühl geben – und weil sie Energie sparen. Veränderung hingegen bedeutet, sich auf neue Situationen einzustellen, bekannte Muster zu verlassen und Unsicherheiten auszuhalten. Kein

2.1 Bedürfnisse verstehen: Warum Veränderung oft Widerstand erzeugt

Wunder, dass viele von uns erst einmal skeptisch oder ablehnend reagieren, wenn ein neuer Change- oder Transformationsprozess angekündigt wird.
Doch Widerstand ist nicht gleich Widerstand. Oft ist er ein Signal für ungestillte oder nicht gesehene/gehörte Bedürfnisse. Sechs zentrale Grundbedürfnisse sind es, die in Veränderungsprozessen oft berührt werden:

1. **Wunsch nach Freude** – Menschen möchten Freude, Lust und Flow empfinden bei dem, was sie tun. In Veränderungsprozessen überwiegen jedoch oft die Themen, die uns eher frustvoll auf das tägliche Aufgabenspektrum blicken lassen.
2. **Wunsch nach Sicherheit** – Menschen wünschen sich Sicherheit im Alltag. Das, was heute da ist, sollte auch morgen möglichst noch am gleichen Platz sein. Veränderungen hingegen erzeugen Unsicherheit: Was bedeuten die neuen Entwicklungen für mich? Behalte ich meinen Job? Verändert sich mein Aufgabenbereich? Bekomme ich neue Kollegen?
3. **Wunsch nach Autonomie** – Menschen möchten autonom handeln. Veränderungen, die als „von oben diktiert" empfunden werden, lösen deshalb oft Unmut aus.
4. **Wunsch nach Zugehörigkeit** – Wir möchten uns zugehörig fühlen – zu einer Gruppe, einem Team, einer Organisation. In Veränderungssituationen ist Vieles neu.
5. **Wunsch nach Fairness** – Wird ein Wandel als ungerecht empfunden (z. B. ungleiche Chancenverteilung), steigt der Widerstand.
6. **Wunsch nach Selbstverwirklichung** – Wir Menschen möchten Sinn bei unserem Tun verspüren und Themen mitentwickeln können. In Veränderungssituationen wird dieses Bedürfnis oft enttäuscht, vor allem dann, wenn wenig Raum zur Mitbestimmung und zum Einbringen eigener Gedanken gegeben wird.

Wer die menschlichen Grundbedürfnisse kennt und diese in der (Veränderungs-)Kommunikation berücksichtigt, kann viele Widerstände bereits im Vorfeld entschärfen. Oft hilft auch ein Perspektivwechsel: Wie würde ich selbst auf eine solche Veränderung reagieren? Welche Unsicherheiten hätte ich? Welche Informationen bräuchte ich, um mich sicher zu fühlen?

Ebenso lohnt es sich, einen Blick in die „Altlasten" der Organisation zu werfen: Wurden in der Vergangenheit viele Veränderungen umgesetzt, die nicht passend kommuniziert waren? Blieb vielleicht ein fader Beigeschmack zurück und aktuelle Change-Widerstände oder auch eine „Change-Müdigkeit" haben ihre Ursachen eher in diesen ungeklärten Themen? Mitarbeitende glauben dann vielleicht nicht mehr daran, dass eine neue Veränderung wirklich sinnvoll oder nachhaltig sein könnte. Hier hilft nur eins: Konsequentes Aufarbeiten der Altlasten und lernen aus den Fehlern der Vergangenheit.

2.2 Veränderungsdynamik erhöhen: Die Hebel der Motivation kennen

Um in Veränderungsprozessen optimal auf die Bedürfnisse der Menschen eingehen zu können, ist das Wissen um ihre Motive sehr hilfreich. In unserer begleitenden Coaching- und Führungsarbeit nutzen wir die sogenannten Luxx/Reiss-Profile, um individualisiert auf dieses Thema zu schauen.

Steven Reiss, ein amerikanischer Psychologe, hat sich bis zu seinem Tod vor einigen Jahren in seinen Forschungen intensiv mit der menschlichen Motivation beschäftigt. Dabei entstanden sind unter anderem 15 (für den beruflichen Kontext) bzw. 16 (für den privaten Kontext) Lebensmotive. Sie zu kennen und in Veränderungsprozessen mitzudenken, kann Kommunikation und Führung deutlich passgenauer werden lassen (Abb. 2.1).

Wir möchten an dieser Stelle fünf der relevantesten Motive im beruflichen Kontext mit Blick auf Transformationsprozesse vorstellen. Einen tiefergehenden Überblick zu allen Motiven finden Sie in dem Buch „Führungsaufgabe Interne Kommunikation".

Abb. 2.1 Lebensmotive nach Steven Reiss. (Quelle: Eigene Darstellung)

- **Motiv Einfluss/Macht:** Zeigt, wie stark jemand den Wunsch hat, Situationen aktiv zu gestalten, Entscheidungen zu treffen und spürbar Wirkung zu entfalten.
- **Motiv Unabhängigkeit (Autonomie):** Beschreibt das Bedürfnis, emotional frei, eigenständig und unabhängig von Anderen agieren zu können.
- **Motiv Sozialkontakte:** Gibt Auskunft darüber, wie wichtig uns neue Verbindungen/Beziehungen, Freundschaften und der soziale Austausch über das Berufliche hinaus sind.
- **Motiv Struktur:** Beschreibt den individuellen Wunsch nach Ordnung, Planung und Verlässlichkeit.
- **Motiv Sicherheit:** Zeigt, wie wichtig Ruhe, Stabilität und Vorhersehbarkeit für uns sind und ob neue Situationen und Veränderungen eher als stimulierend empfunden werden.

Ziel im Rahmen einer passgenauen Veränderungskommunikation ist es, Maßnahmen so zu planen, dass sie Menschen in den unterschiedlichen Bedürfnislagen abholen und motivieren können. Bedenken Sie bitte auch die folgenden Faktoren bei der Ausrichtung Ihrer Massnahmen:

1. **Transparenz:** Menschen brauchen nachvollziehbare Erklärungen. Warum wird dieser Wandel notwendig? Was passiert, wenn wir nichts verändern? Und was bedeutet das konkret für jede*n Einzelne*n? Eine offene, ehrliche Kommunikation schafft Vertrauen und reduziert Unsicherheiten.
2. **Mitgestaltung/Partizipation:** Mitarbeitende wollen Einfluss nehmen. Wenn sie frühzeitig eingebunden werden und selbst an der Veränderung mitarbeiten können, steigt die Akzeptanz. Partizipation ist ein Schlüssel zur Veränderungsbereitschaft.
3. **Erfolgserlebnisse:** Veränderung wird greifbar, wenn erste Fortschritte, so genannte Quick Wins sichtbar sind. Kleine, messbare Erfolge helfen dabei, Motivation aufzubauen und die Angst vor dem Neuen abzubauen.

2.3 Psychologische Sicherheit im Wandel

Umfassende Veränderung im beruflichen Kontext löst in den meisten Menschen Unsicherheit aus – sei es aus Angst vor dem Unbekannten, aus Sorge um den eigenen Status oder aus Zweifel an den eigenen Fähigkeiten. All diese Emotionen sind menschlich und vorhersehbar. Im passenden Umgang mit ihnen liegt eine zentrale Aufgabe von Führungskräften: Es gilt, eine Umgebung zu schaffen, in

Abb. 2.2 Auf Basis des Modells der Lernzonen nach Senninger, basierend auf Wygotski. (Quelle: Eigene Darstellung)

der Mitarbeitende sich sicher fühlen, ihre Gedanken und auch Bedenken äußern und Neues ausprobieren können.

Jene Psychologische Sicherheit ist der Schlüssel, um Widerstände abzubauen und Veränderung aktiv zu gestalten. Sie bedeutet, dass Mitarbeitende keine negativen Konsequenzen befürchten müssen, wenn sie Ideen äußern, Fragen stellen oder Fehler eingestehen. Dies ist essenziell für eine erfolgreiche Transformation, denn nur in einer angstfreien Umgebung entstehen echtes Engagement, Veränderungsbereitschaft und innovative Ideen (s. Abb. 2.2).

Drei Hebel für mehr psychologische Sicherheit im Wandel
Offene Fehlerkultur stärken/etablieren: Fehler nicht als Katastrophen, sondern als Lernchancen zu sehen, ist ein erster Schritt in Richtung Fehlerkultur. Führungskräfte können dieses Verständnis aktiv fördern, indem sie:

- Eigene Fehler offen reflektieren und damit signalisieren, dass niemand perfekt ist.
- Lernmomente bewusst machen, indem sie nach jeder Phase der Veränderung eine „Lessons-Learned"-Session einplanen.

- Teammitglieder ermutigen, ihre Erfahrungen zu teilen – beispielsweise in einem regelmäßigen „Lessons-Learned-Meeting" oder sogenannten „Fuck-up-Meeting".

Offene Kommunikation fördern: Ohne Vertrauen keine Veränderungsbereitschaft. Eine transparente und kontinuierliche Kommunikation hilft, Ängste abzubauen und Klarheit zu schaffen. Folgende Maßnahmen stärken das Vertrauen in den Wandel:

- Regelmäßige Austauschformate wie Feedback-Meetings und -Schleifen, in denen Führungskräfte aktiv zuhören und auf Sorgen eingehen.
- Eine transparente Informationspolitik, die auch Unsicherheiten nicht ausklammert. Wenn klare Antworten fehlen, ist Ehrlichkeit besser als Schweigen.
- Formate wie „Voice-of-the-Employee", bei denen Mitarbeitende anonym Feedback geben können. So erhalten Führungskräfte ehrliche Einblicke in die Stimmungslage und können auf die genannten Punkte reagieren.

Partizipation ermöglichen: Menschen akzeptieren Veränderungen eher, wenn sie sich als Mitgestalter wahrnehmen. Deshalb sollten Mitarbeitende frühzeitig in Entscheidungsprozesse eingebunden und ihre Expertise genutzt werden. Bewährte Formate sind:

- Team-Workshops, in denen Mitarbeitende an konkreten Lösungen arbeiten.
- Peer-Coaching, bei dem sich Mitarbeitende gegenseitig unterstützen und begleiten.
- Partizipative Entscheidungsformate, in denen Teams gemeinsam neue Wege erarbeiten.

2.4 Wie Ängste sichtbar gemacht und adressiert werden können

Widerstand in Veränderungsprozessen ist meist kein Zeichen von Sturheit oder Unwillen, sondern hat tiefere Ursachen, etwa Ängste und Unsicherheiten. Diese bleiben häufig unausgesprochen. Mitarbeitende befürchten zum Beispiel:

- **Jobverlust oder Statusverlust:** „Bin ich nach der Veränderung noch relevant?"
- **Überforderung:** „Kann ich die neuen Anforderungen erfüllen?"

- **Mangelnde Kontrolle:** „Ich weiß nicht, was auf mich zukommt."
- **Skepsis gegenüber Führung oder Strategie:** „Haben die wirklich einen Plan?"

Das Problem: Viele Mitarbeitende äußern diese Sorgen nicht offen – sei es aus Angst vor negativen Konsequenzen, weil sie selbst noch nicht genau wissen, was sie beunruhigt, oder weil in der Unternehmenskultur solche Bedenken keinen Raum haben.

Führungskräfte können und sollten diese Ängste sichtbar machen. Darauf zu warten, dass Mitarbeitende sich von selbst melden, wird meist keinen Erfolg haben. Stattdessen können gezielt Instrumente genutzt werden, um die Stimmung im Team zu erfassen und Ängste proaktiv anzusprechen.

Methoden zur Identifikation und Bearbeitung von Ängsten

- **Anonyme Stimmungsbarometer:** Durch digitale Feedbacktools oder kurze Puls-Checks können Führungskräfte ein erstes Stimmungsbild erhalten – ohne dass sich Einzelne mit ihren Sorgen und Ängsten zeigen müssen.
- **Offene Dialogrunden:** In moderierten Gesprächen können Mitarbeitende ihre Bedenken äußern. Hier ist es entscheidend, eine Atmosphäre des Vertrauens zu schaffen.
- **Individuelle Gespräche:** Manche Ängste sind sehr persönlich – hier hilft es, im 1:1-Format zuzuhören und gezielt Unterstützung anzubieten.
- **Storytelling:** Erfolgsgeschichten von Kolleg*innen, die bereits ähnliche Veränderungen gemeistert haben, können Ängste abbauen und Mut machen.

Widerstand ist oft ein Hilferuf. Wer als Führungskraft versteht, dass Angst dahintersteckt, kann gezielt darauf eingehen und Mitarbeitende durch die Veränderungsphasen begleiten.

2.5 Personalentwicklung: Menschen befähigen und für Orientierung sorgen

Veränderungen können nur gelingen, wenn Mitarbeitende sich in der neuen Realität zurechtfinden. Das bedeutet: Sie müssen nicht nur informiert, sondern auch befähigt werden. Schulungen, Coachings und gezielte Weiterentwicklungsmaßnahmen helfen dabei, Neues nicht als Bedrohung, sondern als Chance zu begreifen.

Doch Befähigung geht über reine Fachschulungen hinaus. Es geht auch darum, emotionale Sicherheit zu geben. Führungskräfte sollten Orientierung bieten und als Sparringspartner zur Verfügung stehen. Offene Fragerunden, Peer-Coachings oder Mentorings helfen, Mitarbeitende auf dem Weg durch den Wandel zu begleiten.

Zudem lohnt sich eine gezielte Kompetenzentwicklung: Welche neuen Fähigkeiten braucht das Team für die Zukunft? Welche Soft Skills sind entscheidend? Hier können Weiterbildungsprogramme gezielt ansetzen.

2.6 Wie Mitarbeitende Veränderungsprozesse als „ihren" Wandel ansehen

Der Unterschied zwischen „Ich muss diesen Change mitmachen" und „Ich bin Teil dieses Wandels" ist der Schlüssel für erfolgreiche Transformation. Denn wer Veränderungen als Prozess erlebt, in dem mitgestaltet werden kann, fühlt sich nicht als Getriebener, sondern als Gestalter – und genau das steigert Motivation und Engagement. Wenn Mitarbeitende spüren, dass sie Einfluss auf den Prozess haben, übernehmen sie Verantwortung und setzen sich aktiv für den Erfolg des Wandels ein.

Drei Erfolgsfaktoren:

1. **Beteiligung von Anfang an**
   Viele Veränderungsprozesse scheitern, weil Mitarbeitende erst informiert werden, wenn alles schon entschieden ist. Wer aber frühzeitig eingebunden wird – durch frühzeitige Erklärung des „Warum verändern wir uns", durch Workshops, Dialogformate oder Co-Creation-Prozesse – fühlt sich nicht nur gehört, sondern auch als Teil des Wandels. Das stärkt die Identifikation und das Commitment.
2. **Eigenverantwortung ermöglichen**

Ownership braucht Handlungsspielraum. Mitarbeitende sollten nicht nur Feedback geben dürfen, sondern echte Mitgestaltungsmöglichkeiten haben. Dazu können beispielsweise Workshops dienen, in denen sie selbst Lösungen entwickeln und erproben. Je mehr Einfluss jemand auf den Change nehmen kann, desto stärker fühlt er sich verantwortlich für den Erfolg.

3. **Persönliche Relevanz herstellen**
Menschen engagieren sich nur dann für eine Veränderung, wenn sie verstehen, was sie ihnen bringt. Führungskräfte sollten deshalb immer wieder das große Ganze und auch individuelle Möglichkeiten aufzeigen: Wie profitiere ich persönlich von dieser Transformation? Welche Chancen ergeben sich für mich? Dabei helfen direkte Gespräche, aber auch Storytelling – indem zum Beispiel Kolleg*innen berichten, wie sie den Wandel als Chance genutzt haben.

2.7 Take-aways

Veränderung gelingt nur, wenn sie mit den Menschen und nicht gegen sie gestaltet wird. Information, Motivation und Befähigung sind die Schlüssel, um Widerstände abzubauen und den Wandel erfolgreich zu gestalten. Wer auf Transparenz, Mitgestaltung und Erfolgserlebnisse setzt, wer Ängste ernst nimmt und Mitarbeitende frühzeitig einbindet, kann den Wandel als gemeinsamen Prozess etablieren.

- Widerstand ist oft ein Signal unerfüllter Grundbedürfnisse – wie Sicherheit, Autonomie oder Zugehörigkeit.
- Psychologische Sicherheit ist kein Soft-Faktor, sondern die harte Währung für erfolgreiche Transformation.
- Mitarbeitende zu Mitgestaltern statt zu Betroffenen machen bringt den entscheidenden Shift – vom „Ich muss" zum „Ich bin gern Teil davon".

Die Rollen von Führung, Kommunikation und HR

3

Drei zentrale Thesen:

1. **Führung und Kommunikation entscheiden über den Erfolg von Veränderungen.**
   Strategien und Strukturen sind wichtig. Ihre volle Kraft entfalten Veränderungen jedoch nur mit Unterstützung von HR, Kommunikation und Führungskräften.
2. **Mitarbeitende brauchen Klarheit und Beteiligung.**
   Veränderungen erzeugen Unsicherheit. Wer Wandel erfolgreich gestalten will, muss ihn verständlich erklären, Mitarbeitende einbinden und wann immer möglich, echte Mitgestaltung ermöglichen.
3. **Widerstand ist normal – und eine Chance.**
   Menschen reagieren oft skeptisch auf Veränderungen. Führung kann diese Ängste ernstnehmen, Vertrauen schaffen und konkrete Vorteile aufzeigen.

Besonders in Veränderungsprozessen müssen Führungskräfte nicht nur Strategien entwickeln, sondern auch Menschen mitnehmen. Doch wie gelingt das in der Praxis? Welche Herausforderungen entstehen, wenn Mitarbeitende verunsichert sind oder sich gegen den Wandel sperren? Und wie meistert eine Führungskraft den Spagat zwischen Unternehmenszielen und Teamdynamik?

> **Beispiel**
>
> Martin K. ist seit 15 Jahren Teamleiter in einem mittelständischen Technologieunternehmen. Er kennt die Branche in- und auswendig, sein Team schätzt

ihn für seine Verlässlichkeit und Fachkompetenz. Doch die Zeiten ändern sich: Das Unternehmen muss agiler werden, neue digitale Geschäftsmodelle entwickeln und mit einer immer schnelleren Marktdynamik Schritt halten. Die Geschäftsführung beschließt eine umfassende Transformation – weg von starren Hierarchien, hin zu mehr Eigenverantwortung und interdisziplinären Teams.

Martins größte Herausforderungen: Sein Team ist verunsichert. Viele Mitarbeitende fürchten, dass sie mit den neuen Anforderungen nicht mithalten können oder dass ihre Jobs überflüssig werden. Er selbst fühlt sich zwischen den Erwartungen der Geschäftsleitung und den Sorgen seiner Mitarbeitenden hin- und hergerissen.

Die ersten Veränderungsmaßnahmen stoßen auf Widerstand. Einige Mitarbeitende verweigern sich den neuen Arbeitsweisen, andere werden schweigsam. Martin merkt, dass reine Informationsmeetings nicht reichen – es braucht persönliche Nähe, Verständnis und Gesprächsangebote.◄

3.1 Vorbild und Ansprechpartner: Die Rolle der Führungskräfte

Gute Führung im Veränderungsprozess zeigt sich nicht in großen Townhall-Reden, sondern im Alltag. In Momenten, in denen Mitarbeitende verunsichert sind. In Gesprächen, in denen Fragen offenbleiben. In der Bereitschaft, zuzuhören, zu erklären und sich auch mit Unbequemem auseinanderzusetzen, selbst in die Reflexion zu gehen.

Welche Aufgaben sollten Führungskräfte in Veränderungsprozessen übernehmen?

- **Vertrauen aufbauen** – nicht nur in die Veränderungsvision, sondern auch in die Führungskraft. Und die Fähigkeit, Veränderungen begleiten zu können.
- **Strategien übersetzen** – Aussagen wie „Wir müssen agiler werden" oder „Digitalisierung ist unser Zukunftsthema" bleiben leer, wenn sie nicht greifbar werden. Führungskräfte müssen erklären, was das konkret für den Arbeitsalltag bedeutet.
- **Emotionen ernst nehmen** – Angst, Zweifel, Widerstand: Das sind keine Störungen, sondern Signale. Wer führen will, muss mit Emotionen arbeiten können – nicht gegen sie.

- **Präsenz zeigen** – nicht nur in Meetings, sondern da, wo Unsicherheit entsteht. Auch zwischen Tür und Angel.
- **Storytelling nutzen** – Geschichten bleiben hängen, Fakten oft nicht. Das „Warum" muss erklärt werden, dann erst folgt das „Was".

> **Beispiel**
>
> Wird ein neues Tool eingeführt, denken viele Menschen zuerst an den Mehraufwand. Viel wichtiger als die Funktion selbst (was tut es) ist jedoch, wie das Tool entlastet, Fehler reduziert oder Zeit spart (warum haben wir es angeschafft). So wird daraus nicht ein weiteres Problem, sondern ein Teil der Lösung. ◄

3.2 Den Wandel gemeinsam voranbringen: Die Rolle von Kommunikation und HR

Führung ist wichtig – aber sie braucht Unterstützung von Interner Kommunikation und HR. Kommunikationskolleg*innen sorgen für Tools und Formate, kümmern sich um Prozess- und Ergebniskommunikation und ermöglichen (virtuellen) Raum für Dialog. HR sorgt zusätzlich für eine Übersetzung der Veränderungsstrategie in Verträge und Prozesse, plant Journeys für die Mitarbeitenden, kümmert sich um Rollen und Skillsets. Kein Bereich kann und sollte ohne den anderen agieren – und schon gar nicht gegeneinander.

Das operative gemeinsame Spektrum ist breit:

- **Vision und Narrativ erarbeiten:** Die Veränderungsstrategie muss in den Gesamtzusammenhang gebracht und in kommunizierbare Botschaften übersetzt werden.
- **Bedarfe und Potenziale identifizieren:** Welcher Bereich, welche Führungskraft und welche Mitarbeitenden haben welche Bedarfe und Bedürfnisse im Veränderungsprozess und wie können diese kommunikativ aufgegriffen werden?
- **Führung begleiten:** Nicht jede Führungskraft ist ein geborenes Kommunikationstalent. Die Interne Kommunikation liefert den Werkzeugkasten: PPT-Vorlagen, Argumentationshilfen, Leitfäden, Storylines und vieles mehr.

- **Klarheit schaffen:** Widersprüchliche Botschaften verunsichern. Geplante und begleitende Kommunikation sorgt für Konsistenz – in Sprache, Timing und Ton.
- **Zielgruppen mitdenken:** Nicht jedes Teammitglied braucht die gleichen Informationen. Kommunikation übersetzt Botschaften für die verschiedenen Stakeholder – vom C-Level bis zu den Kolleg*innen in den Werken.
- **Dialog ermöglichen:** Veränderung braucht Austausch. Kommunikation schafft dafür Formate, Plattformen und Gelegenheiten.
- **Emotionen ansprechen:** Fakten informieren, Geschichten bewegen. Narrative sorgen für emotionale Verankerung des Veränderungsprozesses.
- **Stimmungen erkennen:** Wer zuhört, versteht mehr. Kommunikation ist auch ein Frühwarnsystem – für Unsicherheit, Frust oder stille Widerstände.
- **Kultur mitgestalten:** Kommunikation formt das Bild der Veränderung mit. Die Kultur kleidet die Veränderung in Formate, Tools und Botschaften – nicht nur in Strategiepapieren, sondern im Alltag.

3.3 Ein Tool zum Weitersagen: Die 5-Minuten-Führungsaufgabe

Führungskräfte in Veränderungsprozessen brauchen ein Mehr an Zeit. Denn während der Kommunikationsbedarf in den Teams massiv ansteigt, sinkt aufgrund des erhöhten Arbeitsaufkommens der Führungskräfte ihre eigenes Zeitkonto.

Viele von ihnen suchen deshalb nach effizienten Möglichkeiten, um empathische Kommunikation als festes Ritual im Alltag zu etablieren. Hier kann die 5-Minuten-Führungsaufgabe helfen. Sie ist keine klassische Managementmethode, sondern eher eine Haltung: „Ich nehme mir regelmäßig bewusst 5 min Zeit für mein Team – nicht nur im Jour fixe, sondern zwischendurch. Für einen kurzen Check-in, für eine aufmerksame Nachfrage, für echtes Interesse."

Besonders in der Transformation ist die Sichtbarkeit der Führungskräfte wichtig. Das heißt nicht nur „da sein" – sondern „ansprechbar sein". Warum? Unsicherheit geht bei vielen Menschen mit Schweigsamkeit einher und Fragen werden nicht von jedem Menschen laut gestellt. Es braucht Vertrauen, um sich zu zeigen, besonders wenn Emotionen eine Rolle spielen, wie Angst um den Job, die Rolle, die Erwartungen.

Die 5-Minuten-Führungsaufgabe ist ein niedrigschwelliger Weg, diese Vertrauensräume zu öffnen. Wird dieses Tool als gemeinsame Führungsleitplanke im Veränderungsprozess eingeführt, sind erste Veränderungen schnell in den Teams spürbar.

3.4 Empathisch führen ist eine Schlüsselkompetenz

Veränderungsprozesse sind emotional, druckvoll, manchmal chaotisch. Wer in dieser Dynamik führen muss, braucht mehr als Methoden und Strukturen. Er braucht ein Gespür für Menschen. Genau an dieser Stelle setzt empathische Führung an – einer der entscheidenden Führungsstile in Transformationsphasen. Führungskräfte, die *empathisch* agieren, schaffen Vertrauen, binden Menschen und geben Orientierung – gerade dann, wenn es keinen klaren Plan gibt. Sie werden zu stabilisierenden Ankern im Wandel.

Die Grundlagen empathischer Führung

- Zuhören, bevor man entscheidet.
- Verstehen, bevor man bewertet.
- Begleiten, bevor man direkt durchsteuert.

Nicht jeder Führungskraft fällt diese Art des Miteinanders leicht – gerade in Veränderungssituationen, in denen es oft auf schnelle und klare Entscheidungen ankommt.

Aber: Viele Führungskräfte wissen schlicht nicht, wo sie anfangen sollen. Wie man Nähe zeigt, ohne zu „soft" zu wirken. Wie man zuhört, ohne gleich Lösungen zu liefern. Wie man Präsenz zeigt – auch wenn man selbst unsicher ist. Aus unserer Erfahrung ist Empathie eine Kompetenz, die ausbaubar ist, etwa durch:

- **Aktives Zuhören** – mit echtem Interesse statt mit Lösung im Kopf
- **Auf Unausgesprochenes achten** – Körpersprache, Zwischentöne, Rückzug
- **Emotionen ernst nehmen** – auch wenn man sie nicht immer versteht
- **Sich selbst zeigen** – nicht perfekt, sondern menschlich
- **Beziehungen vor die Ergebnisse stellen** – oder zumindest daneben

So wird Empathie zur Führungsstärke

HR und interne Kommunikation sind das perfekte Team, wenn es darum geht, empathische Führung zu ermöglichen – und auch einzufordern. So können sie unterstützen:

- **Trainings und Coachings:** individuell und vertraulich
- **Peer-Formate:** kollegialer Austausch zu aktuellen Führungsthemen
- **Feedbackräume:** Rückspiegel statt Rückzug

- **Impulse über neue Führungsrollen:** z. B. durch Kommunikationsteams, Sparrings, Mentoring
- **Storytelling einsetzen,** um positive Beispiele empathischer Führung sichtbar zu machen
- **Formate etablieren,** in denen Führungskräfte sich selbst erleben, ausprobieren und wachsen können – ohne Gesichtsverlust

3.5 Multiplikatoren finden und einbinden

In jedem Unternehmen gibt es Menschen, die informell einen großen Einfluss haben. Das müssen nicht die Führungskräfte sein, vielleicht sind es Kolleg*innen, die schon lange im Unternehmen sind oder sich in anderen Projekten und Situationen besonderes Vertrauen erarbeitet haben und deshalb heute die Kultur und Stimmung im Team mitprägen. Wichtig ist, sie im Rahmen der Stakeholder-Analyse zu Beginn eines Veränderungsprojektes ausfindig zu machen und den Dialog mit ihnen zu suchen.

Werden sie frühzeitig in den Wandel eingebunden, können sie als Multiplikatoren wirken und Veränderungen positiv verstärken. Ignoriert man sie, riskiert man, dass sie die Veränderung untergraben.

Führung heißt auch, Netzwerke zu verstehen und bewusst mit ihnen zu arbeiten.

3.6 Take-aways

Gute Führung in Veränderungsprozessen heißt: sich die Veränderung zu eigen machen und dann dem Team zuzuhören, klar zu kommunizieren, vorauszuschauen und Widerstände aufzugreifen. Wer täglich im Dialog mit dem Team bleibt, erkennt früher, wo es hakt – und kann einordnen, was kommt. Gute Führungskräfte übersetzen Veränderung in den Alltag und greifen Widerstand nicht als Störung, sondern als Wegweiser auf. Sie binden informelle Meinungsführer*innen gezielt ein, um Tempo und Richtung zu halten. Und sie wissen: Veränderung trifft immer auch ins Herz – wer empathisch führt, gibt Halt. Schon kleine Check-ins wirken dabei wie Anker für Vertrauen und Klarheit.

1. Führung in Veränderungsprozessen erfordert klare Kommunikation, strategische Weitsicht und empathisches Zuhören.

2. Veränderung ist immer auch eine emotionale Herausforderung. Führungskräfte mit Empathie und Offenheit schaffen ein Umfeld, das Mut zur Veränderung fördert.
3. Gute Führung im Alltag: Kleine Check-ins sind große Hebel für Vertrauen und Klarheit.

Kommunikation als Fundament der Veränderung 4

Drei zentrale Thesen:

1. **Die geheime Zutat erfolgreicher Veränderung ist Kommunikation.**
   Die beste Veränderungsstrategie nützt nichts, wenn Menschen sich nicht gehört fühlen und in den Widerstand gehen. Die Kombination aus passender Führung und Kommunikation entscheidet darüber, ob Wandel gelingt oder scheitert.
2. **Veränderung braucht nicht nur punktuelle Informationen, sie braucht Kontinuität und Vertrauen.**
   Mitarbeitende akzeptieren Wandel nur, wenn er Sinn ergibt, Beteiligung erlaubt und auf Augenhöhe stattfindet. Vertrauen entsteht nicht nur durch pünktliche Ankündigungen, sondern durch echte Gespräche.
3. **Veränderungsprozesse verlangen nicht nur nach Ergebnis-, sondern auch nach Prozesskommunikation.**
   Meilensteine zu definieren und das Erreichte zu kommunizieren, ist wichtig. Veränderungen werden allerdings erst dann erleb- und spürbar, wenn der gesamte Prozess kommunikativ begleitet wird.

Diese Thesen sind nicht nur theoretische Grundsätze – die Beschäftigung mit ihnen entscheidet in der Praxis darüber, ob Veränderung gelingt oder nicht. Werfen wir deshalb einen Blick darauf, welche Herausforderungen entstehen, wenn Mitarbeitende nicht verstehen, was geschieht und was nun von ihnen gewünscht ist. Und wie Kommunikation dazu beitragen kann, Widerstände zu reduzieren oder gar nicht erst aufkommen zu lassen.

> **Beispiel**
>
> David L. ist seit fünf Jahren als Produktionsleiter in einem mittelständischen Technologieunternehmen tätig. Die Organisation steht vor einem großen Wandel: Um international wettbewerbsfähig zu bleiben, soll die Produktion auf agile Fertigungsprozesse umgestellt werden. Das bedeutet kürzere Entscheidungswege, mehr Eigenverantwortung in den Teams und der Einsatz neuer digitaler Steuerungssysteme.
>
> Die Strategie steht, die Technologie ist bereit – doch die Umsetzung stockt. Der Widerstand ist spürbar:
>
> - Viele Mitarbeitende haben Angst, dass ihre Erfahrung weniger wertgeschätzt wird, weil Prozesse automatisiert werden.
> - Führungskräfte fühlen sich übergangen, da Entscheidungen künftig dezentraler getroffen werden sollen.
> - In den Teams kursieren Gerüchte über Stellenabbau und Krisenszenarien, die Unsicherheit steigt.
>
> David erkennt: Ohne eine kluge Kommunikationsstrategie, die Bedarfe analysiert und Maßnahmen auf die verschiedenen Zielgruppen anpasst, wird dieser Change nicht gelingen. ◄

4.1 Der Dreiklang erfolgreicher Veränderungskommunikation

Es ist die heikelste Phase jeder Transformation: Die Veränderung liegt spürbar in der Luft, doch konkrete Fakten fehlen. In dieser Grauzone entscheidet sich, ob Vertrauen entsteht – oder Unsicherheit die Oberhand gewinnt.

Wer in der frühen Phase einer Transformation schweigt, verliert die Deutungshoheit. Mitarbeitende erwarten gerade jetzt Orientierung – keine Allgemein-Schauplätze, sondern immer wieder kontinuierliche Einblicke in den Stand der Dinge. Auch wenn noch nicht alles entschieden ist: Die klare Botschaft „Wir halten euch auf dem Laufenden" mit regelmäßigen Updates (Prozesskommunikation) wirkt stärker als jede wohlmeinende Funkstille und das Abwarten, bis finale Entscheidungen kommunizierbar (Ergebniskommunikation) sind.

Wir raten zu einem kontinuierlichen Dreiklang aus

- Information
- Thematisierung von Emotionalem
- Befähigung

Im Veränderungsprozess hilft nicht nur die Information selbst (Wir nutzen eine neue Software), sondern auch die Befähigung zur Umsetzung (Wir veranstalten Workshops für alle, die damit arbeiten) und das Aufgreifen des Themas auf emotionaler Ebene („Hier ein Foto unseres Planungsmeetings, freut Euch auf großartige Erlebnisse beim Nutzen der Software").

▶ **Wichtig**
Besonders dann, wenn es scheinbar nichts zu sagen gibt, braucht es Kommunikation. Wir alle gähnen mittlerweile bei dem so oft zitierten „Man kann nicht nicht kommunizieren" des Philosophen Paul Watzlawick. Dennoch ist seine Aussage in Veränderungssituationen eine der wichtigsten überhaupt. Denn kommunizieren wir nicht, füllt sich das Vakuum mit allerlei Unerwünschtem, etwa mit Gerüchten, Ängsten, Altlasten und den Behauptungen anderer.

4.2 Die richtige Frequenz – wie oft ist „oft genug"?

Eine Faustformel für das richtige Mengenmaß an Kommunikation gibt es nicht. Eines lässt sich jedoch sagen: Als zu viel bzw. zu wenig Information empfinden die Mitarbeitenden meist alles, was überproportional viele Inhalte aus einem der drei im letzten Abschnitt vorgestellten Segmente (Information, Emotionalisierung und Befähigung) enthält. Also ständige Bespielung auf Informationsebene ohne Einbezug von emotionalisierenden Elementen oder den Parts, die uns das Gefühl geben, für das, was kommt, befähigt zu werden.

Sind alle Segmente im Gleichgewicht, können Phasen mit besonders hoher oder niedriger Informationsdichte besser ausgeglichen und die Themen gut verständlich kommuniziert werden – und niemand fühlt sich vergessen oder überfordert.

Die ideale Menge an Kommunikationsimpulsen hängt zudem von mehreren Faktoren ab:

- **Phasen des Veränderungsprozesses:** In der ersten aktiven Phase (Ankündigung) ist regelmäßige Kommunikation essenziell, um Unsicherheiten zu

vermeiden. Im weiteren Verlauf darf die Kommunikation dann stärker in Richtung Interaktion und Rückkopplung gehen.
- **Komplexität des Wandels:** Je tiefgreifender die Veränderung, desto häufiger und detaillierter und auch persönlicher muss kommuniziert werden.
- **Zielgruppen:** Führungskräfte benötigen andere Kommunikationsintervalle und Detailtiefen als Mitarbeitende in der Produktion oder im Außendienst.

4.3 Was tun, wenn Mitarbeitende der Organisation nicht (mehr) glauben?

Eine immer wieder aufkommende Schwierigkeit in Veränderungsprozessen: Führungskräfte verkünden eine neue Strategie – doch in den Teams macht sich direkt und parallel dazu Skepsis breit. „Das haben wir doch schon mal versucht!", „Die können uns viel erzählen. Lasst uns das aussitzen." oder „Das kann so nicht funktionieren." Diese und ähnliche Reaktionen sind typische Anzeichen dafür, wie es um die Glaubwürdigkeit, das Vertrauen, der Mitarbeitenden in die Organisation und die für sie notwendigen Veränderungsprozesse steht.

Wie lässt sich dieses Problem lösen? Entscheidend sind vier Faktoren:

1. **Change & Transformationen brauchen glaubwürdige Geschichten**
Veränderungen müssen nachvollziehbar und konsistent erklärt werden. Warum ist dieser Wandel notwendig? Warum genau jetzt? Welche äußeren oder inneren Faktoren machen ihn unausweichlich? Was passiert, wenn wir nichts verändern? Und vor allem: Welche Fehler aus der Vergangenheit haben wir erkannt und vermeiden wir diesmal?
2. **Veränderung ist Teamarbeit**
Eine One-Way-Kommunikation („So wird es gemacht") führt selten zu echter Akzeptanz. Führungskräfte und Mitarbeitende wollen verstehen, mitreden und Einfluss nehmen. Es muss Raum für echten Austausch geschaffen werden – dabei auch kritische Fragen und Bedenken zuzulassen ist essenziell.
3. **Wandel muss sichtbar sein**
Nichts schadet Veränderungsprozessen mehr als große Ankündigungen, denen keine echten Maßnahmen folgen. Wenn nach der x-ten „Neuausrichtung" alles bleibt, wie es ist, verliert die Belegschaft endgültig das Vertrauen. Deshalb gilt: Schnell sichtbare, kleine Veränderungen/Erfolge schaffen und darüber berichten, um den Wandel greifbar zu machen.
4. **Führung zeigt den Weg**

Mitarbeitende orientieren sich an ihrem direkten Umfeld. Wer Wandel fordert, muss ihn selbst vorleben – durch eigenes Verhalten, konsequente Entscheidungen und eine authentische Haltung.

Veränderung trifft auf Widerstand
Widerstand in Veränderungsphasen wirkt oft wie ein Störfaktor, ist aber in Wahrheit wertvolles Feedback. Die Ursachen sind vielfältig: Angst vor dem Unbekannten, der Wunsch nach Vertrautem oder das Gefühl, Kontrolle zu verlieren. Wer jahrelang nach festen Mustern gearbeitet hat, empfindet neue Anforderungen schnell als Bedrohung.

Auch fehlendes Vertrauen kann Widerstand auslösen – in die Führung, in den Sinn der Veränderung oder in die eigene Fähigkeit, mitzuhalten. Oft steckt dahinter die Erfahrung gescheiterter Vorhaben. Und manchmal geht es um Identität: Wenn Rollen wegbrechen, wankt das Selbstbild.

Vertrauen wird damit zur Schlüsselressource. Das Vertrauensdreieck (s. Abb. 4.1 nach Frei/Morriss) beschreibt drei Säulen, die es braucht, um Vertrauen aufbauen und halten zu können: Authentizität, Logik und Empathie. Führungskräfte müssen nahbar sein, nachvollziehbar handeln und echtes Interesse, echte Verbindung zeigen. Fehlt eine dieser Komponenten, leidet das Vertrauen – und damit auch die Veränderungsbereitschaft.

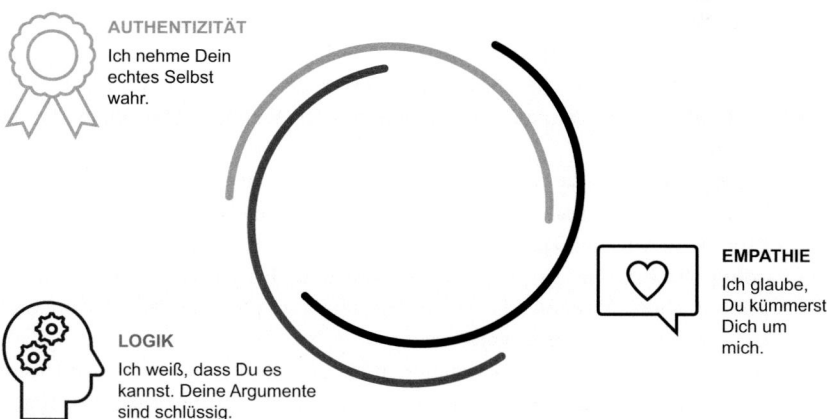

Abb. 4.1 Beginn with Trust, Frances Frei/Anne Morriss 2020. (Quelle: Eigene Darstellung)

Im Umgang mit Widerständen kommt es darauf an, Menschen in den Veränderungsprozess einzubinden. Die Frage ist nicht, wie man Widerstand bricht, sondern wie man ihn als Signal nutzt und in eine produktive Richtung lenkt.

4.4 Kognitive Verzerrungen in der Veränderungskommunikation

Warum verstehen Menschen Botschaften oft anders, als sie gemeint waren? Psychologische Effekte spielen dabei eine große Rolle – und sie beeinflussen, wie Veränderungsprozesse wahrgenommen werden. Führungskräfte und Kommunikationsverantwortliche sollten sich dieser Verzerrungen bewusst sein, um Botschaften wirkungsvoll zu platzieren.

Wichtige kognitive Verzerrungen im Veränderungsprozess (u. a. Nickerson 1998; Baumeister et al. 2001; Felser 2015; Eppler & Mengis 2004; Samuelson & Zeckhauser 1988; Tversky & Kahneman 1974):

- **Confirmation-Bias:** Menschen suchen nach Informationen, die ihre bestehende Meinung bestätigen – und ignorieren widersprüchliche Fakten. Eine einmal gefasste Haltung wird dadurch gefestigt und ist schwerer zu verändern.
- **Negativitäts-Bias:** Schlechte Nachrichten bleiben stärker im Gedächtnis als positive. Veränderungen werden oft als Bedrohung wahrgenommen, selbst wenn sie langfristig Vorteile bringen.
- **Status-quo-Bias:** Menschen bevorzugen Vertrautes und sehen Veränderungen oft als Risiko. Selbst rationale Argumente für den Wandel stoßen daher häufig auf Widerstand.
- **Anker-Effekt:** Die erste Information, die Menschen zu einem Thema erhalten, wirkt wie ein Anker und beeinflusst alle späteren Bewertungen. Frühkommunikation ist daher essenziell.
- **Framing-Effekt:** Die Art und Weise, wie eine Botschaft formuliert wird, beeinflusst ihre Wirkung. Dieselbe Information kann je nach Wortwahl Zuversicht oder Angst erzeugen.
- **Overload-Effekt:** Zu viele Informationen auf einmal führen zu Überforderung und Ablehnung. Besser: Häppchenweise kommunizieren und Wiederholungen in verschiedenen Medien und Formaten gezielt einsetzen.

Was bedeutet das für die Veränderungskommunikation?
Wer diese Mechanismen kennt, kann Veränderungsbotschaften gezielter formulieren und Missverständnisse vermeiden. Einige bewährte Ansätze:

- **Positive Narrative setzen:** Herausforderungen nicht als Bedrohung, sondern als Chance kommunizieren.
- **Frühzeitig die ersten Impulse setzen:** Wer den ersten Eindruck, also das grundlegende Narrativ, gestaltet, setzt den Anker für die Wahrnehmung des Wandels.
- **Emotionen gezielt nutzen:** Eine Balance zwischen sachlichen Argumenten und emotionaler Ansprache sorgt für höhere Akzeptanz.
- **Informationen dosiert vermitteln:** Weniger ist manchmal mehr. Klare Kernbotschaften helfen, Überforderung zu vermeiden.
- **Zielgruppengerecht kommunizieren:** Unterschiedliche Zielgruppen haben unterschiedliche Ängste und Erwartungen – und brauchen individuell zugeschnittene Kommunikation.

4.5 Der richtige Kanal für die richtige Botschaft

Kommunikation ist nicht gleich Kommunikation. Unter anderem der passende Kanal entscheidet darüber, ob eine Botschaft ankommt – oder verpufft. Doch in vielen Unternehmen wird zu oft zur Standardlösung gegriffen: die E-Mail als Allzweckwaffe, die Townhall als große Bühne mit Botschaften im Rundumschlag für alle. Doch welche Botschaft braucht welchen Rahmen? Und welcher Absender welche Botschaft? Und passt das Format überhaupt zum Absender?

Ein gezielter Blick auf den Anlass, das Format und vor allem den Absender kann über Erfolg oder Misserfolg der Kommunikation entscheiden.

- **E-Mail: Schnell, aber distanziert**
    - Ideal für Fakten, Termine und breite Infos. Für emotionale Botschaften ungeeignet.
    - Geeignet für: Faktenbasierte Infos
    - Vorteile: Schnell, effizient, dokumentierbar
    - Nötige Skills: Klare Sprache, Struktur
- **Townhall-Meetings: Bühne mit Beteiligung**
    - Gut für relevante Botschaften – aber nur wirklich wirksam mit Interaktion.
    - Geeignet für: Strategische Kommunikation
    - Vorteile: Nähe, Transparenz, Dialog

– Nötige Skills: Offenheit, Empathie
- **Podcasts & Video-Botschaften: Nahbar auf Distanz**
  – Starke Wirkung bei emotionalen Themen – Haltung wird sichtbar.
  – Geeignet für: Emotionale Ansprache
  – Vorteile: Authentizität, Direktheit
  – Nötige Skills: Natürlichkeit, Begeisterung
- **Vorstandsformate: Nähe auf Augenhöhe**
  – Walks, Lunches oder Frühstücke – informell und vertrauensbildend.
  – Geeignet für: Direkten Austausch
  – Vorteile: Dialog, Vertrauen
  – Nötige Skills: Echtes Interesse, Zuhören
- **CEO-Blogs & Newsletter: Klartext mit Haltung**
  – Strategische Themen schriftlich auf den Punkt gebracht.
  – Geeignet für: Positionierung, Kontext
  – Vorteile: Konsistenz, Tiefe
  – Nötige Skills: Schreiben, Klarheit
- **1:1-Gespräche: Persönlich wirkt am stärksten**
  – Individuelle Sorgen und Widerstände klärt man im direkten Dialog.
  – Geeignet für: Führung im Team
  – Vorteile: Vertrauen, Individualität
  – Nötige Skills: Empathie, Klarheit
- **Social Intranet & Chat-Tools: Schnell & informell**
  – Gut für Updates und Dialog – nichts für kritische Botschaften
  – Geeignet für: Alltagskommunikation
  – Vorteile: Tempo, Vernetzung
  – Nötige Skills: Digitale Klarheit, Fingerspitzengefühl

Ein Format wird selten ausreichen. Veränderung wird erst greifbar, wenn Infos, Haltung und Dialog zusammenwirken – kanalübergreifend und zur Kultur passend.

4.6 Vom Umgang mit Veränderungsmüdigkeit und Verweigerung

Veränderung kostet Kraft. Viele Organisationen erleben aktuell eine regelrechte Change-Fatigue – also eine kollektive Veränderungsmüdigkeit. Sie entsteht meist nicht durch die Veränderung an sich, sondern durch fehlende Richtung, mangelnde Erfolge und eine Überlastung durch zu viele parallele Projekte. Wenn

4.6 Vom Umgang mit Veränderungsmüdigkeit und Verweigerung

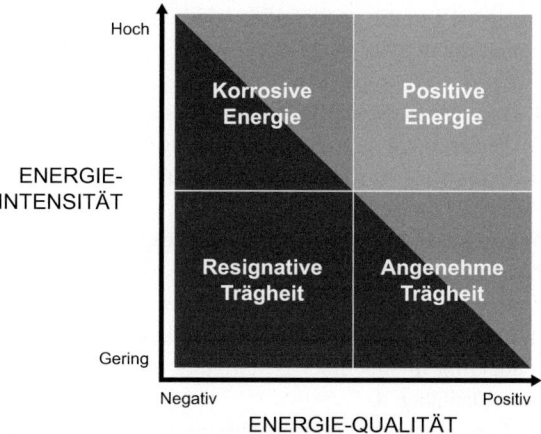

Abb. 4.2 Auf Basis von „Zustände organisationaler Energie". Bruch, H., & Vogel, B. (Quelle: Eigene Darstellung)

Wandel zur Daueraufgabe wird, ohne spürbare Wirkung, kippt irgendwann die Stimmung: aus Engagement wird Widerstand, aus Interesse wird Resignation.

Aus unserer Erfahrung lohnt sich deshalb ein regelmäßiger Blick auf den Energiezustand der Organisation. Die zentrale Frage lautet: Mit welcher Energie begegnet unser System dem Wandel – und wie können wir gezielt durch kommunikative oder Führungsimpulse gegensteuern (s. Abb. 4.2)?

Folgende Energiezustände können vorherrschen (Bruch & Vogel, 2009):

- **Positive Energie:** Hier ist die Veränderungsenergie hoch und konstruktiv. Es herrscht Aufbruchsstimmung, Teams denken mit, treiben Themen und Projekte aktiv voran.
- **Korrosive Energie:** Auch hier ist viel Energie im System – aber in negativer Richtung. Es brodelt, Widerstand formiert sich, Kritik wird laut. Klingt unangenehm, ist aber ein bearbeitbarer Zustand – denn die Energie ist da.
- **Angenehme Trägheit:** Klingt erst mal gut, ist aber tückisch. Alles läuft ruhig, es herrscht keine offene Ablehnung – aber eben auch kein Antrieb. Ein typischer Zustand in Unternehmen, die „schon so viel hinter sich haben".
- **Resignative Trägheit:** Der gefährlichste Zustand. Weder Antrieb noch Konflikt, sondern nur noch Rückzug, Passivität und innere Kündigung.

Projektteams, Kommunikationsverantwortliche und Führungskräfte können anhand dieser Matrix prüfen: Wo stehen wir gerade? Und vor allem: Wie können wir gezielt in die positive Energie kommen – oder dort bleiben? Diese Leitfragen helfen dabei:

1. Worin besteht die Dringlichkeit zur Veränderung?
2. Wieso lohnt sich die Anstrengung?
3. Was passiert, wenn wir nichts tun?

Wie erkennt man, ob die Veränderungsmüdigkeit ein kritisches Maß erreicht?
Ein stiller Rückzug ist oft eines der ersten Warnsignale. Mitarbeitende erledigen zwar weiterhin ihre Aufgaben, zeigen aber keine Begeisterung mehr und machen nur noch das Nötigste. Manchmal äußert sich das in ironischen Kommentaren, manchmal in sinkender Beteiligung an Meetings oder einer steigenden Zahl von Krankheitstagen.

Führungskräfte und Kommunikator*innen sollten solche Signale frühzeitig erkennen und gegensteuern. Psychologische Sicherheit spielt dabei eine Schlüsselrolle. Mitarbeitende müssen spüren, dass sie ihre Sorgen äußern können, ohne negative Konsequenzen befürchten zu müssen. Es braucht offene Räume für ehrliche Gespräche – nicht nur in Form von klassischen Feedbackrunden, sondern auch im direkten Austausch zwischen Führungskraft und Team.

4.7 Der „Golden Circle" als Leitplanke auf dem Weg

Gerade in Phasen der Erschöpfung oder des Widerstands braucht es klare Kommunikation, die Sinn stiftet und emotionale Resonanz erzeugt. Aber auch bereits im Rahmen der Startkommunikation eines Veränderungsprozesses hilft eine klare und deutliche Kommunikation des Warums: Warum verändern wir uns jetzt und nicht vorher oder später? Warum in die Richtung, die nun vorgegeben ist? Und warum ist das, was wir vorhaben, genau jetzt sinnvoll?

Das bewährte Modell des „Golden Circle" von Simon Sinek (Sinek 2009) bietet dafür eine hilfreiche Struktur.

Es besteht aus den drei Ringen: Why, How und What – von innen nach außen gedacht. Im Kern steht das Why: Warum tun wir, was wir tun? Danach folgt das How: Wie setzen wir das um? Und außen das What: Was genau tun wir? Sinek dreht die übliche Denkweise um – nicht vom Produkt her denken, sondern vom Sinn.

In einer Transformation hilft das Modell, Klarheit zu schaffen, denn wer das Why kennt, stiftet Orientierung und verbindet Menschen emotional. Das How übersetzt den Sinn in Prinzipien und Handlungen. Und das What zeigt, was konkret passiert. So entsteht ein roter Faden – von innen nach außen.

4.8 Mitarbeitende als Change-Botschafter*innen gewinnen

Menschen orientieren sich an anderen Menschen – nicht an Unternehmenspräsentationen. Wer den Wandel wirklich in die Organisation tragen und etwas verändern möchte, braucht Multiplikatoren. Doch nicht jede Kollegin oder jeder Kollege ist gleichermaßen geeignet, Veränderungsbotschaften zu vermitteln. Entscheidend ist, die passenden Personen gezielt einzubinden und sie wirksam zu unterstützen.

Wie gewinnt man Mitarbeitende als Change-Botschafter*innen?

- **Freiwilligkeit statt Verpflichtung:** Mitarbeitende sollten intrinsisch motiviert sein. Nur wer wirklich überzeugt ist, kann auch andere überzeugen.
- **Wertschätzung und Einbindung:** Wer in den Veränderungsprozess im Alltag eingebunden wird, bei Entscheidungen um seine Meinung gefragt wird, fühlt sich gehört und engagiert sich stärker.
- **Schulung und Unterstützung:** Change-Botschafter*innen brauchen klare Informationen, um sicher kommunizieren zu können.
- **Klare Rollen und Erwartungen:** Was genau bedeutet es, Change-Botschafter*in zu sein? Definierte Aufgaben und Verantwortlichkeiten von Beginn an helfen, Unsicherheiten zu vermeiden.
- **Regelmäßiger Austausch:** Ein Netzwerk braucht Plattformen zum Austausch, für Feedback und zur kontinuierlichen Weiterentwicklung.
- **Veränderungsarbeit zeitlich mitdenken:** Als Change-Botschafter*in unterwegs zu sein sollte keine Überstunden nach sich ziehen müssen. Die Kolleg*innen benötigen mindestens 10–20 % ihrer regulären Arbeitszeit für diese wichtigen Aufgaben. Dies sollte auch so ins Team kommuniziert werden.

Eine effektive Strategie ist es, gezielt informelle Meinungsführer*innen in den Wandel einzubinden. Diese können durch ihre Glaubwürdigkeit und Nähe zu den Teams die Veränderung auf eine ganz andere Weise vorantreiben als offizielle Kommunikationskanäle. So wird aus einer losen Gruppe von Multiplikator*innen ein strategisch gesteuertes, wirksames Netzwerk.

4.9 Quick Wins und erste Erfolge kommunizieren

Auf dem langen Transformationsweg sind Zwischenetappen wichtig. Dieses Innehalten und diese Erholungsphasen braucht es, um auf die bereits erfolgreich zurückgelegte Strecke zu schauen, sich über Erfolge zu freuen, vielleicht das eine oder andere nachzujustieren, die Stimmung zu checken und die Motivation der Beteiligten möglichst hochzuhalten.

Quick Wins – also kommunizierte sichtbare Erfolge – sind wichtig, weil sie:

- …Vertrauen erzeugen: Mitarbeitende erleben, dass sich wirklich etwas bewegt und es sich lohnt, mit auf dem Weg zu sein.
- …Veränderung greifbar machen: Große strategische Ziele wirken oft abstrakt. Kleine Erfolge zeigen, wie der Wandel im Alltag ankommt.
- …motivieren: Erfolgserlebnisse sind der Treibstoff für langfristige Veränderungsbereitschaft.

Wichtig ist, dass diese Erfolge gezielt sichtbar gemacht werden, andernfalls entfalten sie ihre Wirkung nicht. Sei es durch ein kurzes Erfolgsvideo, eine interne Nachricht, eine kleine Meilenstein-Feier oder eine Anerkennung durch die Geschäftsleitung im Rahmen von Townhalls oder kleinen Aufmerksamkeiten.

4.10 Rituale und Symbole zur Verankerung der Transformation

Veränderung findet nicht nur in Prozessen und Strukturen statt, sondern in besonderem Maße auch in den Köpfen und Herzen der Mitarbeitenden. Rituale und symbolische Handlungen helfen, den Wandel von der sachlichen auf die emotionale Ebene zu bewegen.

Beispiele für Rituale im Veränderungsprozess:

- **Kick-off-Veranstaltungen zu neuen Change- oder Transformationsphasen:** Der bewusste Startpunkt einer Veränderung, bei dem das „Warum" und „Wohin" greifbar – und ruhig auch unterhaltsam – gemacht wird.
- **Meilenstein-Feiern:** Gemeinsame Freude über Fortschritte.
- **Visuelle Veränderungen:** Neue Raumgestaltung, veränderte Arbeitsumgebungen oder Symbole für den Wandel.
- **Gemeinsame Reflexionsrunden:** Regelmäßige Check-ins, um Stimmungen einzufangen und Anpassungen vorzunehmen.

Solche Rituale stärken das Gemeinschaftsgefühl, behalten die Veränderungsbereitschaft im Blick und machen die Transformation konkret spürbar. Besonders wirksam sind Rituale, die aktiv von den Mitarbeitenden mitgestaltet werden können.

4.11 Take-aways

Veränderung beginnt in Kopf und Herz – und Kommunikation trägt uns durch den gemeinsamen Prozess. In einer Zeit, in der Organisationen sich permanent wandeln, entscheidet nicht allein die Qualität der Strategie über den Erfolg, sondern vor allem, ob es gelingt, Menschen mitzunehmen.

- **Kommunikation ist der kritische Erfolgsfaktor in Veränderungsphasen.** Sie entscheidet über Akzeptanz, Tempo und Tiefe der Veränderung.
- **Kommunikation braucht Rhythmus.** Die Frequenz muss zu Phase, Thema und zur Zielgruppe passen.
- **Ein Veränderungsprozess endet nicht mit dem letzten Workshop.** Rituale, Symbole und Storytelling helfen, Wandel dauerhaft zu verankern.

Helden am Lagerfeuer: Geschichten der Transformation 5

Drei zentrale Thesen:

1. **Narrative und ein „Big Picture" sind wichtige und effektive Unterstützer in Veränderungsprozessen.**
   Sie emotionalisieren, vereinfachen und schaffen Orientierung.
2. **Eine passende Change-Story macht Wandel nachvollziehbar und emotionalisiert.**
   Sie von Beginn an mitzudenken und einzusetzen, lenkt Energie und verankert Botschaften.
3. **Negative Narrative können unbewusst Veränderungen blockieren.**
   Sie zu erkennen und umzudeuten ist ein entscheidender Erfolgsfaktor.

Ohne ein starkes Narrativ bleibt Veränderung abstrakt, schwer greifbar und oft wenig nachvollziehbar. Geschichten sind das Werkzeug, mit dem Wandel emotional verankert und verständlich gemacht wird, mit dem wir in die Herzen, in das Verständnis und in die Routinen unserer Mitarbeitenden Einzug halten können.

Doch wie funktioniert das in der Praxis? Welche Herausforderungen entstehen, wenn Unternehmen versuchen, ihre Change-Story zu erzählen? Und wie können Führungskräfte Narrative gezielt nutzen, um Mitarbeitende für den Wandel zu gewinnen?

> **Beispiel**
>
> Bei einem internationalen Logistikunternehmen stehen tiefgreifende Veränderungen an. Die Branche wandelt sich rasant: Automatisierung, Künstliche Intelligenz und neue Marktanforderungen erfordern ein radikales Umdenken. Doch im Unternehmen dominiert ein Bild der Organisation, das zeigt: „Wir sind ein solides Dickschiff – Innovation und Geschwindigkeit sind etwas für Start-ups, nicht für uns."
> Diese Wahrnehmung führt zu spürbaren Herausforderungen:
>
> 1. Mitarbeitende fühlen sich zu Hause in der alten Welt und glauben nicht daran, dass ihr Unternehmen Innovationen braucht.
> 2. Führungskräfte sind verunsichert, ob sie eine Transformation glaubwürdig vermitteln können.
> 3. Die Reaktionen auf interne Kommunikationsformate spiegeln die Skepsis wider: Veränderungsinitiativen stoßen auf Zurückhaltung, weil das historisch gewachsene Narrativ tief verankert ist.
>
> Sarah L., die Leiterin der internen Kommunikation, erkennt die Herausforderung: Die Veränderung selbst reicht nicht aus – das Unternehmen braucht eine neue Story. Eine, die nicht auf Defiziten basiert, sondern auf Stärken. Eine, die die lange Tradition und Geschichte aufgreift, ins positive dreht, und aus ihr die Stärken für die Zukunft ableitet. Gemeinsam mit ihrem Team macht sie sich an die Arbeit.◄

5.1 Das Big Picture

Gerade bei komplexen Transformationen geraten Unternehmen oft in eine paradoxe Situation: Auf dem Papier laufen Projekte reibungslos, die notwendigen Schritte im Rahmen einer neuen Strategie werden genommen, für die Geschäftsführung stehen die Ampeln scheinbar auf grün. Gleichzeitig fehlt einem Großteil der Belegschaft das große Ziel vor Augen und sie fragen sich: „Warum das alles? So viele Einzelprojekte und jedes Einzelne sorgt für Unruhe! Wo soll das hinführen? Und warum müssen wir uns überhaupt verändern?" Von engagierter Unterstützung der so dringend notwendigen Transformation mal ganz abgesehen. Unklarheit dieser Art sorgt oft dafür, dass Veränderungsprozesse ins Stocken geraten, Widerstände das Voranschreiten behindern und Motivation verloren geht.

Wollen wir Transformation erfolgreich gestalten, benötigen wir klare Ziele und ein gemeinsames Verständnis der Gesamt-Transformation – ein Big Picture also, das all die losen Enden zusammenführt und Zusammenhänge erklärt. Ohne ein klares und verbindendes Verständnis der Veränderung fühlen sich Mitarbeitende schnell orientierungslos, selbst wenn sie eigentlich engagiert und motiviert sind. Die Rollen des Big Picture:

- **Für Verständnis sorgen:** Soll eine Idee mitgetragen und gefördert werden, muss sie verstanden werden.
- **Die Veränderungen für den Alltag des Einzelnen einordnen:** Mitarbeitende benötigen eine Erklärung zum Sinn und Zweck ihrer Aufgabe im Gesamtgefüge der Transformation.
- **Das große Ganze in den Blick rücken:** Gerade in Zeiten des Wandels suchen wir Menschen nach Orientierung und Sicherheit. Wird uns ermöglicht, zu verstehen, welchem großen Sinn die Einzelschritte folgen, geben wir gern unsere Energie in den Prozess.

Ist die Kommunikation des Big Pictures gelungen, sollte die Menschen im Unternehmen Antworten auf die folgenden Fragen geben können:

- Was ist unser großes Ziel, das wir mit den Veränderungen bezwecken?
- Welche einzelnen Schritte werden wir gehen, um dorthin zu kommen?
- Wie hängen meine Aufgaben und Tätigkeiten mit diesem Ziel zusammen?
- Was ist die Erwartungshaltung an mich in dieser Veränderung?

So können wir die losen Enden verknüpfen, um ein tragfähiges und belastbares Seil zu erhalten, das die Dinge verbindet!

5.2 Wie Geschichten den Wandel unterstützen

Ähnlich wie bei Change und Transformation werden auch die Begriffe Change-Story und Narrativ häufig synonym verwendet. Es ist allerdings wichtig, sie grundlegend zu definieren, damit Unternehmen dann besser entscheiden können, was genau benötigt wird:

- Ein **Narrativ** ist ein übergeordnetes Denkmuster oder eine grundlegende Annahme über die Realität, die sich über viele Geschichten erstreckt und die Kultur einer Organisation bzw. die Wahrnehmung der Menschen, die in ihr

arbeiten, prägt. Es ist tief in den Überzeugungen einer Organisation verankert und beeinflusst, wie die Menschen Veränderungen interpretieren.
- Eine **Change-Story** ist eine gezielt erzählte Geschichte innerhalb eines Veränderungsprozesses, die das bestehende Narrativ entweder bestätigt oder herausfordert. Sie hat das Ziel, Wandel verständlich zu machen, Emotionen zu wecken und Menschen für eine neue Richtung zu gewinnen. Während Narrative langfristig wirken und oft unbewusst vorhanden sind, sind Change-Storys bewusst eingesetzte Kommunikationsinstrumente, um Transformation aktiv zu gestalten.

Menschen lieben Geschichten. Sie sind tief in der DNA verankert und helfen, Informationen zu verarbeiten.

Geschichten der Veränderung, sogenannte Change-Storys, reduzieren Komplexität, indem sie Hintergründe und Muster aufzeigen, Emotionen ansprechen und den Wandel in einen verständlichen Rahmen setzen. Eine gut erzählte Change-Story erklärt das Warum der Veränderungsnotwendigkeit, macht die Zukunft greifbar und erleichtert es den Beteiligten, sich mit dem Wandel zu identifizieren. Ohne ein starkes Narrativ bleibt Veränderung abstrakt – mit einer guten Geschichte wird sie zum gemeinsamen Abenteuer.

Geschichten haben die Kraft, Menschen zu bewegen und ihr Verhalten zu beeinflussen. Studien zeigen, dass Informationen, die in eine Story eingebettet sind, deutlich besser erinnert werden als reine Fakten. Warum? Weil Geschichten unser Gehirn aktivieren – nicht nur die Bereiche, die Sprache verarbeiten, sondern auch jene, die für Emotionen und Empathie zuständig sind. Gute Change-Storys wirken also nicht nur auf der kognitiven, sondern auch auf der emotionalen Ebene. Und genau das macht sie so mächtig.

Lautet also die Grundannahme über die Realität, also das Narrativ, „Wir sind zu langsam für Innovation", dann müsste die Change-Story dieses Narrativ herausfordern, um es in den Köpfen der Menschen zu verändern.

Gesamt-Narrative sind Teil der Kultur, einzelne Geschichten sind die Bausteine, um sie zu verändern. Soll das gesamte Narrativ verändert werden, sind dafür langfristig mehrere Geschichten nötig.

Ein Unternehmen, das sich als „alteingesessen und bürokratisch" wahrnimmt, wird sich schwer mit Innovationen tun. Ein Unternehmen, das sich als „Pionier, der immer wieder neue Wege findet" begreift, tut sich mit Veränderung leichter. Deshalb gilt: Wer Veränderung will, muss das dominante Narrativ der Organisation verstehen – und gegebenenfalls neu erzählen.

Ein anschauliches Beispiel hierfür ist das Unternehmen LEGO. In den frühen 2000er Jahren geriet der dänische Spielzeughersteller in eine schwere Krise.

Das dominante Narrativ war: „Wir sind ein klassischer Spielzeughersteller." Doch dieser Gedanke passte nicht mehr in eine zunehmend digitale Welt. Erst als LEGO sein Narrativ änderte „Wir sind eine kreative Plattform für Spiel, Lernen und Fantasie", begann der Turnaround hin zu einem innovativen und modernen Unternehmen. LEGO hatte wieder Erfolg (Robertson & Breen, 2013).

5.3 Negative Narrative erkennen und verändern

Jede Organisation erzählt sich unbewusst Geschichten über sich selbst. Leider sind diese oft hinderlich für Veränderungsprozesse. Wer Sätze hört wie „Wir sind nun mal ein schwerfälliger Tanker" oder „So etwas funktioniert bei uns nie", hat es mit tief verankerten negativen Narrativen zu tun. Die Kunst liegt darin, diese umzudeuten.

Fragen Sie sich:

- Welche Aussagen über das eigene Unternehmen hört man immer wieder, in verschiedenen Bereichen und Situationen?
- Wo wird Wandel als unmöglich dargestellt?
- Welche „Das haben wir schon immer so gemacht"-Sätze dominieren?
- Welche Geschichten erzählen Führungskräfte und langjährige Mitarbeitende über das Unternehmen?
- In welchen Situationen behindern diese Narrative das Denken in Lösungen?
- Welche positiven Narrative existieren bereits – und wie können sie verstärkt werden?

Warum halten sich hinderliche Narrative so hartnäckig?
Hinter diesen Erzählungen stecken oft kognitive Verzerrungen (Biases), die unbewusst unser Denken und Handeln beeinflussen (s. auch Abschn. 4.4):

- **Status-quo-Bias:** „Es hat bisher gut funktioniert, also sollte es so bleiben." Veränderungen wirken riskanter als das Vertraute.
- **Negativ-Bias:** Negative Erfahrungen prägen uns stärker als positive. Ein gescheitertes Veränderungsprojekt bleibt länger im Gedächtnis als zehn erfolgreiche.
- **Selbstbestätigungs-Bias:** Wir suchen unbewusst nach Beweisen, die unser bestehendes Bild untermauern – und ignorieren Gegenbeispiele.

Wie kann man Narrative umdeuten?

- **Vom Problem zur Möglichkeit denken:**
  Von: „Wir sind ein schwerfälliger Tanker." zu: „Wir sind ein stabiler Fels in stürmischen Zeiten."
  Von: „Unsere Prozesse sind zu langsam." zu: „Unsere Prozesse sind gründlich und durchdacht."
- **Vom Widerstand zur Stärke denken:**
  Von: „Das hat hier noch nie funktioniert." zu: „Wir beweisen, dass wir Herausforderungen meistern."
  Von: „Unsere Mitarbeitenden sind skeptisch gegenüber Veränderungen." zu: „Unsere Mitarbeitenden hinterfragen kritisch und sorgen für fundierte Entscheidungen."
- **Von der Vergangenheit in die Zukunft denken:**
  Von: „Wir sind ein traditionelles Unternehmen." zu: „Wir verbinden Tradition mit Innovation."
  Von: „Wir haben eine starre Hierarchie." zu: „Unsere klare Struktur gibt Orientierung und Verlässlichkeit."

5.4 Die Change-Story-Formel

Gute Change-Storys machen Wandel verständlich und erlebbar. Eine klare und starke Struktur hilft dabei, Zuhörende emotional einzubinden. Ein guter Weg, das zu tun, ist es, Heldengeschichten, so genannte „Heldenreisen" zu erzählen: Wer ist von welchem Problem betroffen? Und verändert sich dann wo hin? Klassisches Storytelling setzt auf fünf Elemente:

1. **Held*in** – Wer erlebt die Veränderung? Wer ist betroffen oder muss aktiv werden? (z. B. ein Team, eine Führungskraft, eine ganze Organisation)
2. **Problem** – Was ist das zentrale Dilemma? Warum ist Veränderung notwendig? (z. B. Marktveränderungen, ineffiziente Prozesse, interne Widerstände)
3. **Wendepunkt** – Was verändert den Blick auf das Problem? Gibt es eine Erkenntnis, einen externen Druck oder einen Moment der Klarheit?
4. **Lösung** – Welche konkreten Schritte führen aus der Krise? Wie sieht der neue Weg aus? (z. B. neue Strategien, Maßnahmen, Veränderungen in Haltung oder Struktur)
5. **Impact** – Was ist das greifbare Ergebnis? Wie hat sich die Situation verbessert? Welche positiven Effekte sind spürbar – intern wie extern?

Die Geschichten müssen nicht lang sein. Manchmal reichen fünf Sätze:

1. Früher war alles so: (Ausgangslage)
2. Dann passierte das: (Ereignis, das Wandel nötig macht)
3. Wir müssen uns verändern: (Erkenntnis & Herausforderung)
4. Also tun wir nun das: (Lösung, Maßnahmen)
5. Jetzt sieht unsere Welt so aus: (Erfolg, positiver Abschluss)

> **Beispiel**
>
> „Unser Unternehmen wuchs rasant, aber unsere Prozesse waren langsam. Dann kam ein neuer Wettbewerber, der doppelt so schnell liefern konnte. Uns wurde klar: So können wir nicht weitermachen. Also haben wir unsere Abläufe gestrafft, Teams agiler aufgestellt und eine neue Software eingeführt. Seither sind wir schneller und effizienter als je zuvor."◄

5.5 Geschichten als Führungsinstrument nutzen

Starke Erzählungen helfen auch den Führungskräften dabei, Veränderung zu gestalten, Teams zu inspirieren, Ängste zu reduzieren und Engagement zu fördern. Sie sollten:

- Klar und einfach sein: Komplexität auf verständliche Botschaften reduzieren.
- Emotional berühren: Fakten allein überzeugen nicht – in Kombination mit Emotionen hingegen schon.
- Authentisch bleiben: Glaubwürdigkeit ist der Schlüssel für Vertrauen.
- Zukunftsbilder zeichnen: Menschen folgen Visionen und nicht Maßnahmenplänen.

Ein großartiges Beispiel für die Kraft von Change-Storys ist das Apollo-Programm der NASA. Statt lediglich von technischen Herausforderungen zu sprechen, schaffte es John F. Kennedy in seiner berühmten Moon-Rede, ein klares Narrativ zu schaffen: „Wir haben uns entschieden, in diesem Jahrzehnt zum Mond zu fliegen (…), nicht, weil es leicht ist, sondern weil es schwer ist" (NASA.gov 2022). Dieses inspirierende Narrativ vereinte Millionen von Menschen hinter einer gemeinsamen Vision.

5.6 Take-aways

Veränderung beginnt in den Köpfen der Menschen – und oft mit Geschichten über die neue (Aus-)Richtung des eigenen Unternehmens. Wer Wandel erfolgreich gestalten will, sollte nicht nur Strategien entwickeln, sondern auch die passenden Narrative wirken lassen und Geschichten erzählen. Führungskräfte können Storytelling gezielt nutzen, um Orientierung zu geben, Motivation zu stärken und Menschen für den Veränderungsprozess zu gewinnen.

- Wandel braucht gute Storys – ohne sie bleibt Veränderung abstrakt.
- Erfolgreiche Change-Storys folgen einer klaren Struktur (Held – Problem – Wendepunkt – Lösung – Impact).
- Negative Narrative umzudeuten bedeutet: vom Hindernis zur Chance, von der Vergangenheit in die Zukunft.

Schlusswort 6

Transformation ist kein Zustand, sondern eine Mischung aus der richtigen Strategie, Führungskräften, die den Wandel ermöglichen und vorleben, sowie passgenauer Prozess- und Ergebniskommunikation.
Veränderung ist also kein Projekt mit Start- und Enddatum. Sie ist kein einzelner Meilenstein auf der To-do-Liste, sondern ein Zustand der Bewegung – manchmal leise, manchmal laut, manchmal voller Freude und manchmal auch unbequem.

Mein Wunsch war es, mit diesem Buch Impulse zu teilen, die Ihnen, liebe Leserin, lieber Leser, helfen können, genau diese Dynamik zu gestalten – mit Klarheit, Haltung und der Überzeugung, dass echter Wandel bei den Menschen beginnt. Ob Sie als Führungskraft Orientierung geben, als Kommunikator*in die Veränderungsprozesse in den Alltag übersetzen, als HR-Verantwortliche*r begleiten oder als Organisationsentwickler*in und Veränderungsprofi das Gesamtprojekt aussteuern: Ihre Rolle ist entscheidend.

Vielleicht haben Sie sich sogar schon an der einen oder anderen Stelle wiedererkannt. Haben ein neues Format kennengelernt, eine alte Denkweise hinterfragt oder neue Geschichten gefunden, die Sie künftig erzählen möchten. Das würde mich freuen – denn nichts ist kraftvoller als eine zündende Idee, ein genau passender Impuls, die perfekte Heldenreise im richtigen Moment.

> ▶ Haben Sie jetzt Lust auf mehr praktische Arbeit bekommen? Auf unserer **Landing Page** finden Sie ergänzendes Material – **Checklisten, Best Practices, vertiefende Artikel und Audioimpulse.** Alles kurz, klar und sofort einsetzbar. Genau wie dieses Buch. https://montua-partner.de/essentials

Danke, dass Sie unseren Gedanken und Impulsen bis hierher gefolgt sind. Ich wünsche Ihnen Mut, Klarheit und viele gute Gespräche auf dem Weg durch die hoffentlich erfolgreich verlaufende nächste Veränderung. Und wenn Sie sich austauschen möchten – ich freue mich auf Ihre virtuelle Post: buch@montuapartner.de.

Herzlichst
Ihre Andrea Montua

Was Sie aus dem *essential* mitnehmen

- **Transformation erlebbar machen, statt Change zu managen:** Lernen Sie den Unterschied zwischen Change und echter Transformation kennen – erleben Sie Kultur, Haltung und Kommunikation als die entscheidenden Hebel für nachhaltigen Wandel.
- **Mitgestalten, statt nur zuzuschauen:** Sie erfahren, wie durch Motivation, psychologische Sicherheit und echtes Storytelling Mitarbeitende zu Mitgestaltenden werden – und nicht zu Betroffenen.
- **Kommunikation als Erfolgsfaktor erkennen:** Sie lesen, welche Tools, Impulse und Dialogformate Führungskräfte, HR und Kommunikator*innen brauchen, damit Wandel gelingt, Menschen überzeugt werden und Neues tatsächlich lebendig wird.

Literatur

Baumeister, R. F., Bratslavsky, E., Finkenauer, C., & Vohs, K. D. (2001). Bad is stronger than good. Review of General Psychology, 5(4), 323–370.
Beckhard, R., & Harris, R. T. (1977). Organizational Transitions: Managing Complex Change. Addison-Wesley.
Bruch, H., & Vogel, B. (2009). Organisationale Energie: Unternehmen in Hochspannung bringen. Gabler Verlag.
Frei, F., & Morriss, A. (2020). Begin with Trust. Harvard Business Review, May–June 2020. [Optional: https://hbr.org/2020/05/begin-with-trust].
Felser, Georg, Werbe- und Konsumentenpsychologie (4. Aufl., 2015).
Eppler, M. J., & Mengis, J. (2004). The concept of information overload: A review of literature from organization science, accounting, marketing, MIS, and related disciplines. The Information Society, 20(5), 325–344.
Funke, J. (2024). Die Evaluierung der Change Kommunikation, Masterarbeit.
Kotter, J. P. (1996). Leading Change. Harvard Business School Press.
Montua, A. (2024). Führungsaufgabe Interne Kommunikation, https://doi.org/10.1007/978-3-658-41715-4.
NASA.gov, Kennedy, John F. Presidential Library and Museum – Rede an der Rice University https://www.nasa.gov/history/60-years-ago-president-kennedy-reaffirms-moon-landing-goal-in-rice-university-speech/, 7.9.2022 (Aufgerufen 25.4.25).
Nickerson, R. S. (1998). Confirmation bias: A ubiquitous phenomenon in many guises. Review of General Psychology, 2(2), 175–220.
Robertson, D. & Breen, B. (2013) „Brick by Brick: How LEGO Rewrote the Rules of Innovation and Conquered the Global Toy Industry".
Samuelson, W., & Zeckhauser, R. (1988). Status quo bias in decision making. Journal of Risk and Uncertainty, 1(1), 7–59.
Sinek, S. (2009). Start With Why: How Great Leaders Inspire Everyone to Take Action. Portfolio/Penguin.
Streich, R. (2016). Change Management: Grundlagen und Erfolgsfaktoren. Springer Gabler.
Tversky, A., & Kahneman, D. (1974). Judgment under Uncertainty: Heuristics and Biases. Science, 185(4157), 1124–1131.

MIX
Papier aus verantwortungsvollen Quellen
Paper from responsible sources
FSC® C105338

If you have any concerns about our products,
you can contact us on
ProductSafety@springernature.com

In case Publisher is established outside the EU,
the EU authorized representative is:
**Springer Nature Customer Service Center GmbH
Europaplatz 3, 69115 Heidelberg, Germany**

Printed by Libri Plureos GmbH
in Hamburg, Germany